GUIA DEL CINE INDEPENDIENTE
AMERICANO DE LOS 90

D1731716

GUIA DEL CINE INDEPENDIENTE AMERICANO DE LOS 90

Susana M. Villalba y Miguel Juan Payan

Nuer
EDICIONES

© 1996, Miguel Juan Payán y Susana M. Villalba

Copyright de esta edición:
© 1996, Nuer Ediciones
Fernando VI, 8, 1.° 28004 Madrid
Tel.: 310 05 99. Fax: 310 04 59

ISBN: 84-8068-037-7
Depósito legal: M-36.305-1996

Impresión: Fareso
Impreso en España - Printed in Spain

INDICE

INTRODUCCION

El cine nace en Estados Unidos como un fenómeno eminentemente independiente, pero con la creación de la industria y la llegada de los primeros estudios para originar una nueva forma de planificar el mercado cinematográfico como un negocio, la independencia propiamente dicha casi desaparece en favor de un sistema eminentemente capitalista.

Bajo ese punto de vista, el cine independiente norteamericano se inicia "oficialmente" en los últimos años de la década de los cuarenta, cuando una serie de decisiones judiciales antimonopolio obligan a los estudios de Hollywood a reducir sus porcentajes de beneficio en el campo de la exhibición. A partir de ese momento la omnipotencia de los estudios en todos los eslabones de la comercialización de películas, producción, distribución y exhibición, se rompe abriendo paso a la iniciativa de nuevas empresas.

Otro factor decisivo en esa misma etapa para la irrupción de cineastas y productoras independientes es la creciente competencia de la recién nacida televisión, que unida más tarde a la independencia relativa de algunas estrellas empeñadas en la tarea de crear sus propias compañías productoras, conforma un nuevo estado de las cosas en un Hollywood que empezaba a olvidar muy a su pesar su época dorada.

A una serie de cineastas en la línea de Stanley Kramer y Otto Preminger, preocupados por ampliar el horizonte creativo con nuevos componentes de crítica a los convencionalismos sociales, políticos, religiosos y raciales, se añadieron en el campo independiente otras figuras de carácter más oportunista e inclinadas al cine de explotación de bajo presupuesto, como Roger Corman. De ese modo, se sentaron las bases de la dicotomía que iba a presidir el cine independiente norteamericano hasta nuestros días: por una parte aquellos cineastas interesados en utilizar el cine como medio de expresión de inquietudes culturales y artísticas, y por otra aquellos que utilizan los mecanismos propios de la producción independiente para realizar películas de bajo costo que sin embargo son susceptibles de funcionar como productos de consumo dentro del cine de géneros, abarcando desde el terror, el "western", el policíaco o la ciencia ficción hasta el erotismo y la pornografía, con figuras tan destacadas como las de Russ Meyer, David F. Friedman, Herschel Gordon Lewis o Robert Lee Frost entre otros.

Dentro de este esquema general, el cine norteamericano vive la eclosión de lo que se denomina cine de autor, con dos ejemplos de partida, Stanley Kubrick con *Fear and Desire,* de 1953, y John Cassavetes con *Shadows,* de 1960. El movimiento de la "Nouvelle vague" francesa estimuló a los jóvenes cineastas norteamericanos a seguir un innovador estilo de contar en imágenes, con elementos autobiográficos, acercándose a lo cotidiano y buscando sus argumentos en el polo opuesto de los intereses narrativos y visuales manejados por los grandes estudios. De repente, el cine se torna algo mucho más tangible, desprovisto de "glamour" y de grandes escenarios, vestuarios y maquillajes. Los temas y los personajes de las películas son más próximos a la cotidianidad del espectador, abundando en ocasiones en asuntos tradicionalmente considerados tabú por la industria establecida.

En los años sesenta directores como Arthur Penn, Philip Kauffman, Robert Altman y Dennis Hopper se imponen como mirada independiente estimulados por el éxito de los mecanismos ajenos a Hollywood que maneja Roger Corman, quien poco más tarde, a través de su "Factoría", servirá como apoyo para los primeros trabajos de los cineastas que marcan con su éxito la década de los setenta y ochenta, gentes como Francis Coppola y Martin Scorsese, secundados luego por David Lynch, Brian De Palma, George A. Romero, John Carpenter, Paul Bartel y Jones Mekas, en una lista cada vez más abundante de realizadores donde la figura de Woody Allen brilla también con luz propia obteniendo siempre más éxito en Europa que en Estados Unidos.

Es en la década de los ochenta cuando el cine independiente norteamericano va a tomar cuerpo de naturaleza en la taquilla consiguiendo su primera etapa de éxitos comerciales, con Jim Jarmusch y su *Extraños en el paraíso,* comedia de bajo presupuesto en blanco y negro que consiguió fama internacional tras ser galardonada con la Cámara de Oro en el Festival de Cannes o Spike Lee con *Nola Darling,* Susan Seidelman con *La chica de Nueva York,* los hermanos Coen con *Sangre fácil,* Alex Cox con *Repo Man* y Steven Soderbergh con *Sexo, mentiras y cintas de vídeo.*

Esta nueva generación de cineastas presenta por otra parte lo que va a convertirse en una de las características del cine independiente hecho en Estados Unidos en las dos últimas décadas, que con frecuencia se transforma en la plataforma ideal para introducirse en el entramado de Hollywood.

En los años noventa, la nota más característica del cine independiente norteamericano es el incremento de su proyección en la taquilla, que incluso consigue superar en algunos casos a las producciones más costosas de los grandes estudios. Además se puede afirmar, sin temor a equivocarnos, que subsiste en este encuentro con el público no sólo el descubrimiento de su más que apetecible rendimiento económico, sino también la vertiente artística que trae consigo. Un buen número de jóvenes cineastas han encontrado la oportunidad de mostrar en la pantalla sus inquietudes junto con toda una variopinta gama de distintas visiones de la vida, mucho más rica de la que tradicionalmente ofrecía el cine comercial.

El presente trabajo pretende ser una visión de conjunto sobre el fenómeno del cine independiente norteamericano de nuestros días. La abundante producción existente nos ha obligado a hacer una selección de las películas que consideramos más representativas de la década de los noventa entre las que se han estrenado en nuestro país. El lector, al que consideramos también espectador, podrá así tener en sus manos todos aquellos datos de interés acerca de los directores, actores, guionistas y productores relevantes dentro de esta parcela creativa de la cinematografía actual.

Susana M. Villalba
Miguel Juan Payán

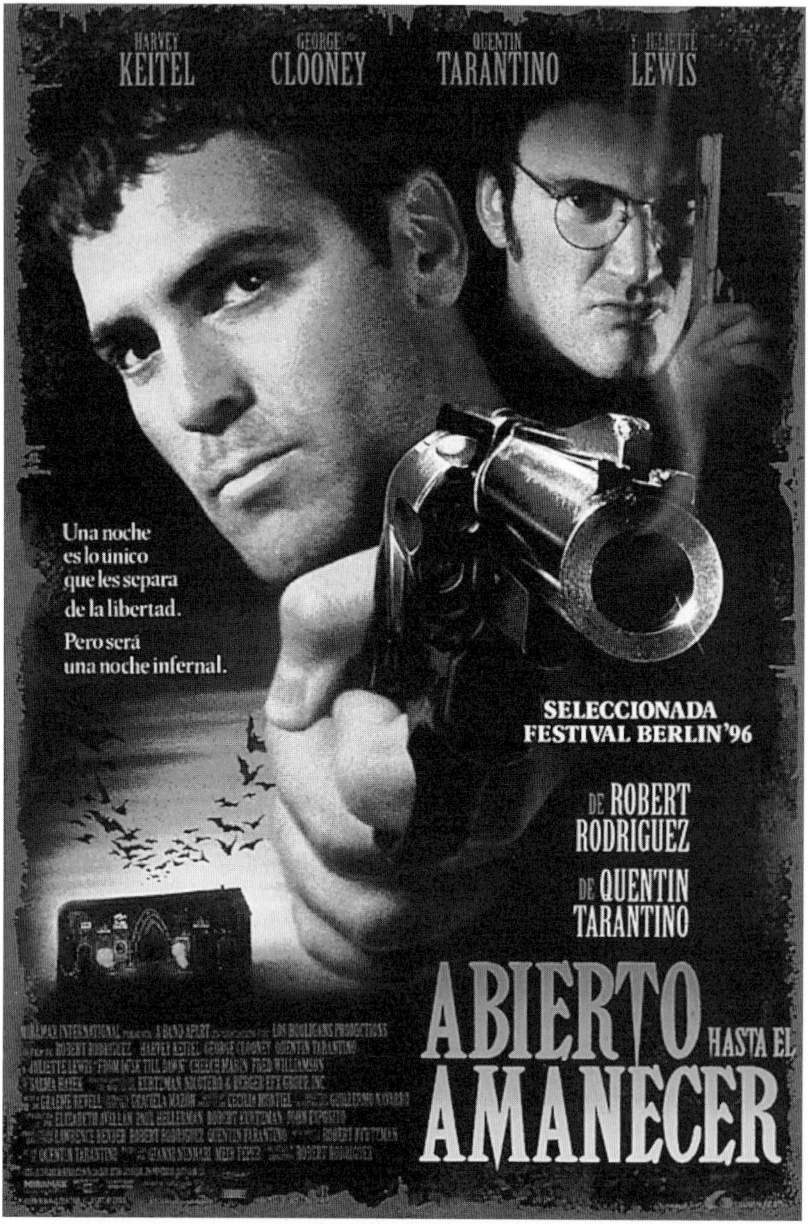
HARVEY
KEITEL
GEORGE
CLOONEY
QUENTIN
TARANTINO
Y JULIETTE
LEWIS
Una noche
es lo unico
que les separa
de la libertad.
Pero será
una noche infernal.
SELECCIONADA
FESTIVAL BERLIN'96
DE ROBERT
RODRIGUEZ
DE QUENTIN
TARANTINO
ABIERTO
HASTA EL
AMANECER

ABIERTO HASTA
EL AMANECER

SINOPSIS.— Los hermanos Gecko forman un tándem muy especial: son dos de los criminales más peligrosos de América. El sudoeste del país ha sido el lugar elegido para llevar a cabo sus últimas fechorías, una serie de crímenes por los que ahora son buscados incesantemente por la policía de Tejas y el FBI.

Sus posibilidades de supervivencia en Estados Unidos se reducen cada vez más, pero, como por arte de magia, aparece una extraño individuo llamado Carlos, que les propone un trato: los criminales hermanos le darán parte del botín que han robado a cambio de un lugar donde esconderse, al que deberán llegar a la mañana siguiente.

En este punto hace su aparición la familia Fuller. Jacob, el cabeza de familia, es un predicador que ha perdido la fe y viaja con sus dos hijos, la vulnerable Kate y su hermano menor, Scott. Los tres viajan a bordo de un flamante vehículo recién estrenado. Y resultan la solución de los problemas de los hermanos Gecko ya que, de inmediato, la familia Fuller es secuestrada por los delincuentes que han encontrado la manera perfecta de cruzar la frontera con México sin ser descubiertos por la policía. Pronto liberarán a los Fuller si consiguen llegar a tiempo de contactar con su hombre en tierras mexicanas.

Consiguen llegar al lugar de la cita: un bar llamado Titty Twister (la teta enroscada), el garito más salvaje a este lado del Río Grande, abierto todos los días hasta altas horas de la madrugada. Los Gecko aparecen en el bar, con la familia Fuller a cuestas, dispuestos a que nadie se dirija a ellos con una palabra más alta que otra. Al fin y al cabo, están acostumbrados a mandar a base de pistolas. La noche se adivina divertida y prometedora y se sientan a esperar que Carlos y sus chicos se presenten al amanecer y les lleven hasta el refugio.

Pero hay muchas cosas que los Gecko y los Fuller desconocen del lugar donde se hallan. Especialmente, el enorme apetito de sangre que sienten los propietarios y los trabajadores del bar. La noche se convierte en una dantesca orgía de sangre y ellos, unos criminales sin escrúpulos, que resultan ser unos auténticos angelitos al lado de los moradores del Titty Twister, no tienen más remedio que enfrentarse a unos seres diabólicos para salvar al mundo de su dominio. Y sólo tienen por delante esa noche, pero será infernal.

COMENTARIO.— Sangre y violencia. Acción y "gore". Terror y humor negro. El mundo del cómic plasmado en celuloide. Así se podría resumir lo que es *Abierto hasta el amanecer,* una película que ha supuesto un éxito de taquilla en Estados Unidos y que viene avalada por uno de los "gurus" del cine de hoy: Quentin Tarantino.

Polémico donde los haya, lo que no se puede negar a Tarantino es su capacidad de creación de historias, aunque hay que hacer notar que este largometraje es, si no un calco, sí directo heredero de aquellos cómics que en España se llamaban "Creepy", la visualización de terroríficas historias en viñetas, que aquí une los elementos del cine de acción y del cine de terror. Un perfecto "story board" en manos de Robert Rodríguez y Tarantino. La amistad entre estos dos cineastas comenzó en el Festival de Cine de Toronto en 1992. Tarantino presentaba allí *Reservoir dogs* y Rodríguez *El Mariachi,* para ambos sus primeras películas.

Curiosamente, *Abierto hasta el amanecer* fue el proyecto que le permitió a Tarantino dejar de ser un empleado de videoclub para dedicarse de lleno al cine. En 1990, recibió el encargo de escribir un guión basado en un relato de seis páginas de Robert Kurtzman, cofundador de la compañía de efectos especiales y maquillaje KNB Effects. Kurtzman, junto a su socio John Esposito y a instancias de su amigo Scott Spiegel, leyeron dos de los primeros guiones de Tarantino: *Asesinos natos* y *Amor a quemarropa.* Mil quinientos dólares fue el precio que Tarantino se embolsó por escribir el guión de *Abierto....* Como parte del trato, la KNB aceptó realizar gratuitamente los efectos de maquillaje de *Reservoir dogs.*

Cinco años más tarde, y con un Tarantino ya consagrado, el proyecto de *Abierto...* volvió sobre la mesa. Y Robert Rodríguez fue el elegido para ponerlo en pie.

Curiosamente, este cineasta ingresó en la Universidad de Tejas, en Austin, con la intención de inscribirse en los cursos de cine. Pero no fue admitido, a pesar de lo cual se dedicó a realizar cortos en Súper 8 y películas en vídeo, siempre con material prestado y prácticamente sin presupuesto.

Dibujante de cómics, es autor de la tira humorística *Los Hooligans,* publicada durante tres años en el periódico *The Daily Texan,* que alcanzó la popularidad cuando obtuvo un galardón de la Universidad de Columbia. También es autor del libro *Rebel without a crew,* en el que narra cómo un estudiante de cine de 23 años puede, con sólo 7.000 dólares, triunfar en la pantalla grande. En realidad, se trata de un diario de a bordo del rodaje de *El Mariachi,* y trae mucho a la memoria un libro de Roger Corman, uno de los "padres" del cine independiente.

Cuando este Robert Rodríguez visitó nuestro país para presentar la película, los autores de este libro tuvieron la ocasión de entrevistarle. Con una imagen personal muy alejada de lo que se suele atribuir a "un intelectual", Rodríguez explicó que no participó en el guión activamente "porque cuando estás dirigiendo cambias algunas cosas o añades otras, como en este caso el templo, el baile con la serpiente o algunos chistes visuales. Pero me gusta el guión de Quentin". En cuanto a la parte más técnica del film, Rodríguez afirmó que utiliza muy a menudo la "steadycam" porque "es una manera de hacer las películas más baratas y rápidas. Hago películas que se ven muy grandes, pero en realidad tengo muy poco dinero. Además, a la hora del montaje, ayuda mucho. Muchos directores ruedan la misma escena varias veces desde diferentes ángulos, sin saber lo que van a necesitar. Yo sé lo que necesito y filmo solamente eso. En cuanto a los procesos de posproducción, con la transformación y 'morphing' de los vampiros, no han resultado demasiado laboriosos, porque todas escenas suceden al final de la película. Parece mucho, pero realmente no es así".

Abierto hasta el amanecer contó con un presupuesto de once millones de dólares y Rodríguez preparó una versión en "laser disc" en la que aparecen escenas que no es posible contemplar en la versión comercial de las salas de exhibición. Son unos cinco minutos más de metraje, que eliminó a causa de la duración de la película ya que, según el director, "no hubo ningún problema con la censura, porque se trata de un film más bien cómico".

Quentin Tarantino se adjudicó en este largometraje uno de los papeles protagonistas, el de uno de los hermanos Gecko, Richard. Deseaba hacer el papel porque, según Rodríguez, "tenía tiempo para concentrarse en la interpretación y no estar dirigiendo al mismo tiempo. Es el primer personaje importante que hace, ya que antes había interpretado otros, pero menores. Aquí tiene igual importancia que el principal. En anteriores ocasiones, ya se había dirigido a sí mismo y deseaba un resultado diferente; quería que yo hiciera la película y la dirigiera".

Con la recaudación obtenida en Estados Unidos, *Abierto hasta el amanecer* recuperó todo el dinero invertido en la producción que, según su director, no era demasiado. "Hice *El Mariachi* sin dinero, y aprendí a hacer películas diferentes. Si quieres aprender cómo hacer cine y vas a una escuela, te enseñan cómo hacer películas grandes, gastando mucho. Yo inventé otra manera, usando el sentido común, porque no tenía otra opción. Después he aprendido lo más posible en la parte técnica, cómo coger la cámara —porque no quiero depender de otras personas—y todo ese tipo de cosas. Así no supero los presupuestos y tengo más libertad."

Abierto hasta el amanecer se rodó en Los Angeles. La construcción y el diseño del Titty Twister se llevó a cabo en un almacén y el exterior del bar fue construido en la base de un lago seco cercano a la localidad de Bartsow, en California.

Durante diez semanas, en el verano de 1995, el equipo trabajó desde las cuatro de la mañana; especialmente en las escenas en las que aparecen actores, bailarinas y extras maquillados terroríficamente. También se utilizaron disfraces de monstruos, así como muñecos dirigidos por control remoto. A todo ello se sumaron lentes de contacto de colores, colmillos falsos, venas artificiales, brazos, piernas —por decenas— y otras partes del cuerpo humano, tan insustituibles en largometrajes de este género. Y, naturalmente, 200 litros de sangre falsa y sangre verde y 275 litros de líquido multicolor que simula la forma diluida de un vampiro muerto.

La arquitectura mexicana de la frontera fue el punto de partida de la diseñadora artística, Cecilia Montiel, arquitecta peruana que estudió la tradición de los rituales de sangre de los aztecas y los mayas antes de la conquista española. Para diseñar el terrorífico bar, se inspiró en las ruinas de Uxmal.

En cuanto a los intérpretes, sólo nos queda resaltar que Rodríguez y Tarantino se reunieron de nuevo con viejos conocidos, ya clásicos en las películas de ambos. Harvey Keitel, que da vida al predicador, y Salma Hayek —que hubo de perder su pánico para rodar enroscada a una serpiente pitón de dos metros de largo—, a la que ya se vio en *Desperado* junto a Antonio Banderas, interpreta aquí a la Reina de las Vampiras. También aparecen Brenda Hillhouse *(Pulp Fiction)* y Cheech Marin *(Desperado).* George

Clooney, conocido por su interpretación de médico en la serie tele-
visiva *Urgencias,* es el otro hermano asesino, Seth.

FICHA TECNICA.— Título original: *From dusk till dawn.*
Dirección: Robert Rodríguez. Guión: Quentin Tarantino. Montaje:
Robert Rodríguez. Fotografía: Guillermo Navarro. Música: Graeme
Revell. Productores: Gianni Nunnari y Meir Teper. Productores eje-
cutivos: Robert Rodríguez, Quentin Tarantino y Lawrence Bender.
Nacionalidad: Estados Unidos. Duración: 110 minutos. Color. 35 mm.
Año: 1995.

FICHA ARTISTICA.— Harvey Keitel (Jacob Fuller), George Clooney (Seth
Gecko), Quentin Tarantino (Richard Gecko), Juliette Lewis (Kate Fuller), Salma Hayek (La Reina de las
Vampiras, Santanico Pandemonium), Cheech Marin (Carlos/Chet).

"ABEL FERRARA

DA UN PASO HACIA ADELANTE EN EL RANKING DE DIRECTORES INDEPENDIENTES.
UNA OBRA DE ARTE ESTREMECEDORA.

HARVEY KEITEL

HACE LA INTERPRETACION MAS ESPLENDIDA DE SU SALVAJE CARRERA." Lawrence Frascella, US MAGAZINE

UN CERTAIN
REGARD
F. CANNES

MEJOR
INTERPRETACION
MASCULINA
(HARVEY KEITEL)

TENIENTE
CORRUPTO

UNA PRODUCCION EDWARD R. PRESSMAN   HARVEY KEITEL en "BAD LIEUTENANT"   con VICTOR ARGO   PAUL CALDERONE   LEONARD THOMAS   ROBIN BURROWS
FRANKIE THORN   VICTORIA BASTEL   PAUL HIPP   Productores Ejecutivos RONNA B. WALLACE y PATRICK WACHSBERGER   Linea de Producción DIANA PHILLIPS
Director de Fotografía KEN KELSCH   Diseño de Producción CHARLES LAGOLA   Diseño de Vestuario DAVID SAWARYN   Música JOE DELIA   Montaje ANTHONY REDMAN A.C.E.
Co-Producida por RANDALL SABUSAWA   Guion de ZOE LUND y ABEL FERRARA   Producida por EDWARD R. PRESSMAN y MARY KANE   Dirigida por ABEL FERRARA

LAUREN FILMS®
VIDEO HOGAR

©1992 (? Pressman Inc.

© 1995 LAURENFILM, S.A. Derechos exclusivos para España y Andorra.

ODYSSEY

BAD LIEUTENANT
(EL TENIENTE CORRUPTO)
y JUEGO PELIGROSO

SINOPSIS (BAD LIEUTENANT).— Una monja es violada con un crucifijo en el altar de una iglesia de Nueva York y el policía encargado de sacar adelante la investigación del suceso y encontrar a los culpables resulta ser uno de los agentes del orden más corruptos y autodestructivos del cuerpo. Consumidor de todo tipo de drogas, jugador hasta llegar al vicio, víctima de los corredores de apuestas, frecuenta los ambientes subterráneos de la ciudad y practica todo tipo de actos delictivos, incluyendo el chantaje sexual. El caso de la religiosa le lleva a descubrir una posibilidad de perdón para todos sus errores que se encuentra presente como pieza básica en la doctrina de Cristo. Después de experimentar todo tipo de visiones y conocer a la monja que perdona a sus violadores, el policía corrupto encuentra un camino para ser perdonado en el que inevitablemente le espera la muerte. Debe soltar a los muchachos que atacaron a la monja para hacer válido el perdón. Debe, en definitiva, dejar de lado su egoísmo, dejar de pensar en sí mismo y en sus vicios, para respetar los deseos de perdón de la víctima, que no busca venganza, sino que reparte perdón. En ese viaje se nos describe el submundo urbano de una ciudad poliédrica en la que el punto de corte de todos los planos del mal que contiene la urbe parece ser este agente de la ley y el orden desautorizado para tal menester por sus acciones. Epicentro de todos los vicios y tentaciones, el teniente corrupto resulta ser también un receptor visionario del mensaje de redención, mientras su tiempo se agota vertiginosamente y sin posibilidad de aplazamiento.

SINOPSIS (JUEGO PELIGROSO).— Un director se enfrenta a su nueva película con una clara intención de convertirla en una especie de confesión de sus propias debilidades. En el argumento de la ficción que pretende contar, un matrimonio entra en crisis cuando la esposa decide que ha llegado el momento de interrumpir los juegos de sexo, las orgías, los cambios de pareja, el alcohol y las drogas y descubre lo que cree es un nuevo camino lejos de esa forma de vivir. Su marido, para quien todo eso es un elemento fundamental de su vida, se resiste a romper con ese pasado y acaba por maltratar a la esposa. El director contempla todos esos elementos como un reflejo de su propia situación personal a través del espejo no siempre deformante del cine. Finalmente, tiene que enfrentarse a sus problemas en la vida real, independientemente del exorcismo que aspira a realizar en la pantalla.

COMENTARIO.— *Bad Lieutenant* es sin duda una de las películas más "contadas" por los comentaristas y críticos españoles, quizá porque su historia está tan indisolublemente unida a sus imágenes turbadoras que resulta difícil hacer un comentario sobre ella sin caer en la tentación de describir los momentos álgidos de su historia en un ejercicio de tráiler premonitorio sobre lo que el espectador puede ver en la pantalla.

Concebida desde el lado más oscuro de la inclasificable personalidad creativa de su realizador, *Bad Lieutenant* forma junto con *Juego peligroso* una dualidad me atrevería a decir que indivisible dentro de la irregular, a veces mitificada en exceso, y sobredimensionada filmografía de Abel Ferrara, director que ha sabido hacer de su cine una ordalía en ocasiones casi cacofónica y no siempre dotada del significado que alcanza en estos dos largometrajes.

Calificado como "maldito" menos por sus espinosos temas y planteamientos que por las ostensibles pero no siempre inexplicables (al menos no tanto como pretenden sus admiradores más fanáticos) dificultades que parece encontrar su cine para exhibirse con un mínimo de garantías de éxito entre el público, sometido a la dictadura del circuito de distribución minoritario —en España casi inexistente en salas y tan parco como voluble en vídeo—, Ferrara es un cineasta vocacionalmente polémico que consigue con *Bad Lieutenant* su obra más polémica, mientras *Juego peligroso* se puede considerar como su más puro ejercicio de lo que se denomina "cine de autor". En ambos casos, lo que encontramos es en definitiva una confesión y un deseo de redención que va más allá de lo puramente cinematográfico para internarse en el terreno de lo testimonial hasta salpicar al propio director con las consecuencias de su obra.

Bad Lieutenant y *Juego peligroso* comparten demasiadas constantes como para pensar que todo es fruto de la casualidad. Más allá del azar que emparenta las obras de un mismo autor (me apresuro a apuntar que en nuestra opinión Ferrara no hace méritos para adjudicarle este adjetivo hasta el momento de realizar estas dos películas, aunque podemos considerar *El rey de Nueva York* y *China Girl* como sendos intentos de buscar un camino hacia un terreno más personal sin abandonar su coto favorito, el cine sobre el crimen, estas dos piezas maestras en la filmografía de quien Carlos Boyero definía en el inexplicablemente desaparecido suplemento *Cinelandia* del diario *El Mundo* afirmando: "Ferrara pertenece a una familia ideológica y estética en la que el padre sería David Lynch y Quentin Tarantino el hijo más aventajado", integran un matrimonio con aires de genio resucitado para su artífice, sendos vehículos de consagración como figura entre la crítica tras su paso por los festivales de Cannes y Venecia.

Dicho esto, conviene apuntar que *Bad Lieutenant* ha estado a punto de ser superada por su propia fama fuera de los cines, fenómeno poco cinematográfico y nada recomendable a pesar de los buenos resultados promocionales que pueda haberle rendido a Quentin Tarantino en el caso de *Reservoir Dogs.* Tal y como apuntábamos al principio de este comentario, raro es el artículo dedicado a esta película que no cae en la trampa de contarnos lo que sucede en la misma sin escatimar los detalles más escabrosos. Casi se diría que el especialista que se enfrenta a un comentario de cualquier "rara avis" de Ferrara se cree en la obligación de contarnos la película, dadas las dificultades que se le plantean al posible espectador para ver por sí mismo el largometraje. Ni la película es un desafío tan dramático como se ha pretendido desde algunos foros de opinión ni su resultado final es tan turbador como puede parecer a juzgar por los recortes de prensa que le dedicaron su atención.

En esencia, *Bad Lieutenant* es un juego de cojinetes narrativos bien engrasados con el aceite que le suministran la variopinta gama de depravaciones que padece el protagonista en clave de ángel caído y atrapado en el laberinto urbano. Cámara en mano y con sonido directo, dos notas que como advertía Juan Pando, en su artículo "Católico, cocainómano y corrupto" publicado en el número 55 de *Cinelandia,* enlazan con técnicas con vocación de documental exhibidas por el cine independiente norteamericano de los setenta, Abel Ferrara se aplica a la tarea de describirnos más un paisaje urbano en clave de zoológico que la verdadera personalidad de su protagonista. El teniente corrupto del título aplicado a la película para su estreno en las estanterías de los videoclubes españoles es en realidad un hilo conductor para abordar el caos de la marginación en la gran ciudad. Harvey Keitel, a quien corresponde como mínimo el cincuenta por ciento del mérito en la creación de este peculiar guía turístico por los territorios del infierno urbano, nos sirve su personaje de cuidador de la casa de fieras, y mientras visita las distintas jaulas para desplegar su colorista abanico de vicios sin virtudes nos enseña las distintas especies de víctimas o residuos excretados por una sociedad cada vez más hipócrita cuyo paisaje humano menos favorecido se deteriora ante nuestros ojos pasando de los niños y la familia aparentemente convencional de las primeras secuencias a la reunión de policías, y de allí a las putas, los camellos y los colgados que se van mostrando como un nuevo desfile de "freaks" dignos de Tod Browning hasta llegar a los violadores de la monja, utilizados como paso final antes de correr el velo totalmente en el último acto del rito de redención del protagonista. El recorrido es muy similar en *Juego peligroso,* que también se inicia con una secuencia de cena en una familia convencional y progresa por un zoológico de animales cinematográficos.

En todo ese proceso, la técnica de la cámara en mano y el sonido directo, además de un aire de reportaje consigue algo no menos esencial en una película con vocación de independiente, provocadora y por ello mismo empujada hasta un presupuesto mínimo de dos millones de dólares: libertad a costa de perfeccionismo técnico. Si queremos ir todavía más lejos en las justificaciones incluso podemos arriesgarnos a decir que el descuidado aspecto de algunos momentos no se salva tanto por el pretexto siempre peregrino y un tanto pedante de reporterismo documental como por el trabajo de Keitel y en definitiva por el hecho de que constituye un envoltorio válido para el personaje. Sin Keitel, *Bad Lieutenant* no sería al mismo tiempo beneficiaria y víctima de tantos elogios como se le han dedicado. Tal y como reconoce su propio director, el guión, escrito en esta ocasión por Zoe Lund, la Zoe Tamerliss que paradójicamente se vestía de monja vengadora en el baile de disfraces de *Angel de venganza* —película menos presentable de la primera etapa de Ferrara— y que aquí aparece también como inyectándole "caballo" en vena al protagonista, no tiene la calidad de otros trabajos en equipo con Nicholas Saint John, que decidió no participar en el proyecto por motivos relacionados con sus creencias religiosas.

Más allá de los aspectos turbulentos que presenta la película y superando el morbo que despiertan, el verdadero valor de *Bad Lieutenant* puede medirse desde sus cualidades como viaje iniciático a un mundo situado al otro extremo de lo cotidiano. Dicho de otro modo, su atractivo para el público estriba en la posibilidad de visitar los antros del vicio y vivir el epígrafe de destrucción del héroe sin tener que mojarse en el agua poco clara de la cloaca. Supongo que en eso consiste "el loable intento de provocar nuevos estímulos en la retina adormilada y la conciencia adormecida del espectador" del que habla Quim Casas en su artículo para el número 225 de la revista *Dirigido*. Aunque del incuestionable adocenamiento del cine producido en los últimos años no debe inferirse que el público, el espectador, es un durmiente complacido, y teniendo por otra parte en cuenta el hecho de que las películas "de autor" de Ferrara (*Bad Lieutenant* y *Juego peligroso*) son bastante elitistas y nunca se han prestado a ser otra cosa. No en vano Ferrara es uno de los independientes más decididamente independientes del cine norteamericano. Hace lo posible por ser independiente de los grandes estudios, trata de ser independiente de modas, manías, corrientes y tendencias dentro del cine independiente hecho en Estados Unidos recientemente, y por otra parte no tiene inconveniente en mostrar su independencia frente al propio público. El director de *Bad Lieutenant,* a quien Larry Fishburne, uno de sus actores en *El rey de Nueva York* bautizó como "el gángster poeta del cine americano", sólo parece sentirse obligado en último término por su propia película. Ni siquiera la historia o los personajes son capaces de ponerle en una situación de dependencia.

En *Bad Lieutenant* esa independencia incontrolable que tan bien encaja en el descontrol del protagonista, es uno de los motores de la película. Cabe preguntarse, sin embargo, si nos encontramos ante una "metamorfosis del público y la crítica" ante el cine de Ferrara como la que menciona Casas en su artículo de *Dirigido* o si por el contrario nos hallamos ante algo mucho más obvio: la metamorfosis del propio Abel Ferrara o de su cine, desde la chusma sangrienta, efectista y descontrolada de películas como *El asesino del taladro, Angel de venganza* o *El cazador de gatos* hasta películas de factura tan evidentemente comercial como *La ciudad del crimen* o proyectos algo más defendibles como *El rey de Nueva York* y *China Girl,* en los que, sin embargo, sigue jugando con truculencia

la baza del parentesco televisivo menos ingrato, refrescando la memoria del espectador sobre el trabajo meramente alimenticio desarrollado por este director en series de televisión como *Corrupción en Miami* y *Crime Story.*

Dicho de otro modo, Abel Ferrara no consigue un producto digno de calificarle como "autor" (reservándonos de inmediato la opinión sobre las dudas que nos plantea este término para no enredar aún más este comentario) hasta que dirige *Bad Lieutenant,* si bien es cierto que todas sus películas coinciden en ser experimentos, con resultados ocasionalmente interesantes en *El rey de Nueva York,* película en la que sin embargo sigue más próximo al "cine-televisión" que se practica con frecuencia en nuestro tiempo que al "cine-reflexión" que maneja en *Juego peligroso.*

Las simpatías de la crítica empiezan a llegarle a Ferrara en la mayor parte de los casos con *Bad Lieutenant,* un ejercicio extraño de cine, una apuesta que el director estuvo a punto de desmentir dirigiendo la tercera versión de una historia que conserva un singular poder de seducción, *La invasión de los ladrones de cuerpos.* El nuevo paso hacia el cine más reflexivo llega casi de inmediato con *Juego peligroso,* definitorio salto hacia adelante en el que Ferrara demuestra que, cuando le apetece, puede salir del gueto creativo de la serie B más cutre o de los productos de encargo para militar en una forma más comprometida de ver y hacer cine.

En esta producción la palabra clave es también un nexo de unión con *Bad Lieutenant:* autoconfesión. Es como si el director hubiera utilizado la cámara a modo de indiscreto confesionario público en una búsqueda de su redención como la que practican sus dos antihéroes interpretados por el mismo actor. Harvey Keitel se convierte de ese modo de su álter ego. Hay en *Juego peligroso,* cuyo título original era *Snake Eyes* —¿se contempla Ferrara a sí mismo como un tipo con "ojos de serpiente"?— dos guiños que tienen un significado en ese sentido. Nancy Ferrara, compañera sentimental del director en la vida real, interpreta a la esposa del director en la ficción de la película. Eso otorga a la escena en la que el marido infiel confiesa su infidelidad a la esposa una doble lectura evidente. Además, Ferrara no ha podido evitar una broma: en la claqueta que se utiliza para rodar la película en la ficción de *Juego peligroso* puede leerse el nombre de Abel Ferrara como director, en lugar de leerse el nombre del personaje del realizador que interpreta Keitel.

El otro extremo destacado de *Juego peligroso* es la alternancia entre realidad y la ficción, sostenida a través de una doble historia que se desarrolla con un planteamiento de espejos que se reflejan entre sí. De hecho, la película que se supone está dirigiendo el director de ficción se titula *Juego de espejos.* A medida que avanza la historia ese juego dual se convierte en trío con la entrada de la realidad que comentábamos más arriba. De ese modo finalmente tenemos tres historias, primero la del director que quiere rodar una película, luego el propio argumento de la película, que avanza paralelamente, y en último lugar la autoconfesión del propio Abel Ferrara. Las tres coinciden en mostrar una pareja en crisis por la incapacidad del hombre de abandonar sus hábitos de drogas, alcohol y sexo.

Aunque en su principio puede parecer que Ferrara le sigue la pista al planteamiento de cine dentro del cine de Truffaut en *La noche americana,* su planteamiento es más original, menos contemplativo y más intenso. Es, al contrario de la película de Truffaut, un lamento, no una celebración. El desenlace autodestructivo de este juego de realidad y ficción apunta en esa dirección entrando en la esfera de *Bad Lieutenant.*

Quizá la clave de la implicación directa de Ferrara en lo que podríamos denominar un "personaje ausente", externo a la propia película pero presente en la misma, se encuentra en la escena del documental donde vemos al realizador alemán Werner Herzog "confesándose" ante la cámara durante el rodaje de *Fitzcarraldo,* película cuyo complejo y difícil rodaje produjo una épica real sobre la épica de su propio argumento, convirtiendo a Herzog en una versión de Fitzcarraldo, ambos visionarios (nuevamente el juego de la realidad y la ficción).

Sin embargo hay que objetar un cierto exceso de "verismo" que lastra algunos momentos de la película en los que resulta tan falso como el aire de reportaje o documental en *Bad Lieutenant.* Ferrara entra en el laberinto y hace demasiado hincapié en el aspecto de "testimonio", llegando a olvidar la idea de "ficción". Esto forzosamente plantea una exigencia para que el público entre en el juego, lo que nos conduce al elitismo al que hemos aludido anteriormente. *Juego peligroso* es una película sin concesiones, y en eso radica su fuerza tanto como sus posibles puntos débiles. Se diría que Ferrara reproduce situaciones privadas de su propia experiencia, pero más allá del interés testimonial incuestionable que ese ejercicio del artista ante el espejo puede tener para el público interesado en degustar los aspectos más catárticos del cine, el público general puede perder con facilidad el hilo de la historia ante este "documento" donde hay escenas como la de Madonna fumándose un porro con Russo y dos amigas, que nos recuerdan a Keitel en la escena del pico en vena en *Bad Lieutenant* y vuelven a plantear la pretensión de "verismo" incluida en el cine más independiente y menos comercial del director.

Ambas películas se hermanan de ese modo recordándonos una frase de Harlan Ellison en su relato *Quebrado como un duendecillo de cristal:* "Era un universo pequeño y cercado en sí mismo que limitaba al norte con el ácido y la mescalina, al sur con la hierba y el peyote, al este con el 'speed' y las píldoras rojas, al oeste con los depresivos y anfetaminas."

En este esquema, *Bad Lieutenant* es el prólogo a la verdadera obra de madurez de Abel Ferrara, *Juego peligroso.* Lo último que queda por apuntar en este comentario sobre el director más independiente de los independientes norteamericanos es lo mucho que se acerca en estos dos largometrajes a Martin Scorsese. Como él, Ferrara ha demostrado una dependencia de la ciudad, la noche y el neón como elementos de su universo cinematográfico resaltados también en la estética de *La ciudad del crimen, El rey de Nueva York, China Girl* y *La invasión de los ladrones de cuerpos* y descartados por un exceso de luz, sol y cielos azules nada beneficiosos en la película menos "personal" e identificable dentro de su filmografía, *El cazador de gatos.*

La presencia de la ciudad y la noche es tan "nutritiva" para el cine de Ferrara como para el cine de Scorsese. Por otra parte, *Bad Lieutenant* y *Juego peligroso* establecen una preocupación por las ideas de moral y religión que se aproximan a las del director de *Taxi Driver.*

La última reflexión corresponde al propio director: "La gente en mis películas no es completamente diabólica. Para mí los personajes más interesantes son aquellos con un conflicto entre lo bueno y lo malo en su interior. Eso les hace más humanos".

FICHA TECNICA.– BAD LIEUTENANT. Título original: *Bad Lieutenant.* Director: Abel Ferrara. Guión: Zoe Lund, Abel Ferrara. Montaje: Anthony Redman. Fotografía: Ken Kelsch. Diseño de producción: Charles Lagola. Música: Joe Delia. Productor: Edward R. Pressman y Mary Kane. Producción ejecutiva: Ronna B. Wallace, Patrick Wachsberger. Nacionalidad: Estados Unidos. Duración: 96 minutos. Año: 1992.

FICHA ARTISTICA.– Harvey Keitel (L.T.), Frankie Thorn (monja), Zoe Lund (Magdalena).

FICHA TECNICA– JUEGO PELIGROSO. Título original: *Dangerous Game* (primer título: *Snake Eyes*). Director: Abel Ferrara. Guión: Nicholas St. James. Montaje: Anthony Redman. Fotografía: Ken Kelsch. Diseño de producción: Alex Tavoluaris. Música: Joe Delia. Productor: Mary Kane. Producción ejecutiva: Freddy DeMann, Ron Rotholz. Nacionalidad: Estados Unidos. Duración: 105 minutos. Color. Año: 1993.

FICHA ARTISTICA.– Harvey Keitel (Eddie Israel), Madonna (Sarah Jennings), James Russo (Francis Burns).

BLUE IN THE FACE

SINOPSIS.— Nueva York, y más concretamente el barrio de Brooklyn. Y dentro de él, una localización exacta: esquina de Prospect Park West con la calle 16. Es el mes de julio de 1994.

Una tienda de tabaco, la Compañía de Puros de Brooklyn. Cigarros y cigarrillos de todas las formas, colores y tamaños; en las paredes, gastadas por el paso del polvo y el tiempo, una galería de retratos de fumadores famosos, todos ellos muertos hace tiempo. Golosinas, revistas porno, entre otras, y cómics.

El dueño del estanco ve desfilar por allí a un sinfín de personajes. Todos hablan, gritan, pelean, se emocionan, miran, observan...

COMENTARIO.— En la primavera de 1994, el director Wayne Wang y el escritor y guionista Paul Auster se encontraban rodando *Smoke*. Una variopinta mezcla de razas y actores fue tomando cuerpo fuera del rodaje de este film, de manera que a Wang y a Auster se les ocurrió lo que podría interpretarse como una auténtica "locura": rodar una segunda película con el escenario que ya estaba creado, con los mismos actores y técnicos, y en la que se plasmarían todas aquellas cosas que no habrían tenido cabida en *Smoke,* pero que representaban un buen mosaico de historias que llevar al espectador.

El productor, Peter Newman decidió, en tan sólo quince minutos, que estaba de acuerdo. El reto que se planteó fue hacerla en sólo tres días y con un presupuesto ínfimo. Todos dieron su beneplácito, y al terminar de rodar *Smoke,* un viernes se emplazó a todo el equipo para comenzar el rodaje de *Blue in the face* al lunes siguiente. Durante los días 11, 12 y 13 de julio se trabajó sin descanso hasta acumular unas diez horas de metraje. Todo este material se montó y, en el mes de octubre siguiente, se enseñó a los patrocinadores. Estos, al ver el resultado de la insólita experiencia cinematográfica, se ofrecieron a financiar otros tres días de rodaje, por lo que hubo que volver a reunir a los actores, sustituir a algunos de ellos que tenían otros compromisos y volver a montar todo el equipo técnico. Por si fuera poco, el actor principal, Harvey Keitel, se iba de Estados Unidos nueve días más tarde para trabajar en una producción que duraría meses. En un tiempo récord, se consiguió volver a poner en marcha las cámaras y el 27 de octubre se comenzó a rodar de nuevo, terminando el día 31 del mismo mes.

La clave principal de *Blue in the face* fue la improvisación. Los actores comenzaban a hablar siguiendo ligeramente los breves "sketches" que Paul Auster había escrito, pero con diálogos improvisados. Mientras duraba la toma, cada una de ellas de 10 minutos, Wang y Auster tenían preparados grandes carteles en los que les daban instrucciones a los actores: "¡Qué aburrido!", "Cambia de tema", "Más rápido", "Al grano", "Alárgalo", "Sigue con ello", "Quedan 5 minutos" o "Sal" fueron algunas de las directrices que se ofrecían a los intérpretes desde detrás de las cámaras.

La espontaneidad de todos ellos fue clave a la hora de los resultados de un rodaje que se aparta totalmente de lo convencional: al contrario de *Smoke,* en *Blue in the face* no existían ni un guión ni unos diálogos. Tampoco estaban planeados los ángulos de tiro de la cámara.

El título hace referencia precisamente a la capacidad de hablar de los actores frente a una cámara. Tal y como habían pensado rodarla, los intérpretes hablarían por los codos, hasta que estuvieran "blue in the face", es decir morados y con la lengua fuera.

Según Paul Auster, este largometraje "no es una continuación de *Smoke.* Aunque se basa en escenarios y personajes de esa película, corre en una dirección totalmente nueva. Su espíritu es cómico. Su motor son las palabras, el principio que la guía es la espontaneidad. Como lo expresó el productor, Peter Newman, cuando le presentamos la idea: es un proyecto en el que los internos asumen la dirección del manicomio. Nuestro planteamiento era extraordinariamente primitivo. Inventaríamos situaciones para esos personajes que ya teníamos y haríamos que cada una de ellas durase igual que el metraje de un rollo de película, aproximadamente diez minutos. Presentaríamos cada cuadro como un capítulo, seguido y sin cortar, y añadiríamos interludios musicales. Contábamos con los actores para que creasen escenas enteras sin ningún ensayo. El éxito o el fracaso estaba en sus manos. La mayor parte de las situaciones se coció en el asiento trasero de un coche, en medio del tráfico vespertino, tras visionar el metraje diario de *Smoke.* Pero, cuando nos pusimos a rodar y vimos los resultados, Wayne y yo comprendimos que teníamos que cambiar el planteamiento, dividir las situaciones y encontrar un orden para las escenas. Como supusimos que un montaje normal no valdría, recurrimos a cortes bruscos, fundidos y pequeños trucos para que la acción siguiera en marcha".

El montaje, realizado por Chris Tellefsen, fue una auténtica obra de arte. Como no existía guión, todo se resolvía sobre la marcha, probando una y otra vez con cada toma, hasta darle el sentido apropiado a cada situación y ésta a su vez con la siguiente.

Mientras Wang seguía con el rodaje de *Smoke,* el propio Auster se encargó de hablar con técnicos y actores e incluso de crear personajes nuevos que no aparecían en el anterior film y, por supuesto buscar a los intérpretes encargados de dar vida a esa galería de personajes.

Blue in the face cuenta con un reparto excepcional, sobre todo por lo curioso que resulta haber conseguido reunir una serie de intérpretes tan heterogéneos y, especialmente, por el "desencasillamiento" al que han sido sometidos en este largometraje. Actores como Michael J. Fox —que también ha sido tentado por la dirección cinematográfica en su película *Thirty wishes*— interpretan personajes secundarios totalmente fuera de su habitual imagen. Es posible también contemplar a Madonna, en una aparición casi fugaz, a Lou Reed, puro en ristre, y al director Jim Jarmusch, uno de los realizadores de culto para muchos cinéfilos —que obtuvo la Palma de Oro al Mejor Cortometraje en el Festival de Cannes 1995 por su corto *Café y cigarrillos III*— al lado de Roseanne —popular por su serie de televisión, que recibió un "Emmy" a la Mejor Actriz de Comedia y dos "Globos" de Oro— o Mira Sorvino, ganadora de un "Oscar" a la Mejor Actriz Secundaria en 1996 por su papel de prostituta en *Poderosa Afrodita,* de Woody Allen.

Otra de las incorporaciones curiosas, en lo que a personajes se refiere, en este film es la de Ru Paul, un travestido neoyorquino que ya ha publicado un álbum musical titulado *Supermodel of the World,* trabaja como modelo y ha participado en dos películas de Spike Lee: *Crooklyn* y *Wigstock.*

La música de *Blue in the face* se debe a John Lurie que, junto a su grupo The Lounge Lizards y David Byrne, ha puesto fondo musical a un Brooklyn distinto. Lurie es el compositor de las bandas sonoras de tres películas de Jim Jarmusch: *Extraños en el paraíso, Bajo el peso de la ley* y *Mistery train,* y ha participado como actor en dos de ellas, así como en *La última tentación de Cristo* de Martin Scorsese, *Paris, Texas* de Wim Wenders y *Corazón salvaje* de David Lynch.

De *Blue in the face* se puede afirmar cualquier cosa menos que resulta una película convencional. Es un experimento que rezuma autenticidad, frescura y en realidad, una suerte de "joie de vivre" por encima de convencionalismos. En el film, cada personaje posee su mundo propio, que traslada a la pantalla sin necesidad de otra cosa que no sea la palabra; como un homenaje a ese sistema de comunicación entre los hombres. Los personajes se interrelacionan y exponen sus conflictos, a veces con gritos, e incluso con insultos. Pero en el concepto de fondo lo que se percibe es una profunda ironía sobre el ser humano, una cálida mirada y una creencia en la posibilidad cierta de que todos nosotros somos capaces de comunicarnos y, aún más, que necesitamos inevitablemente esta interrelación a pesar de las diferencias sociales, culturales, religiosas, sexuales o raciales de cada hombre y de cada mujer.

FICHA TECNICA.— Título original: Blue in the face. Dirección: Wayne Wang y Paul Auster. Montaje: Christopher Tellefsen. Fotografía: Adam Holender. Música: John Lurie con Calvin Weston y Billy Martin. Productores: Peter Newman, Greg Johnson, Diana Philips. Productores ejecutivos: Harvey Keitel, Bob Weinstein, Harvey Weinstein. Nacionalidad: Estados Unidos (en asociación con NDF/Eurospace Productions). Duración: 87 minutos. Color. 35 mm. Año: 1994.

FICHA ARTISTICA.— Harvey Keitel, Lou Reed, Michael J. Fox, Roseanne, Jim Jarmusch, Lily Tomlin, Madonna, Mira Sorvino, Giancarlo Esposito, Mel Gorham, Malik Yoba, Ru Paul, José Zúñiga, Victor Argo, The John Lurie National Orchestra.

EL BANQUETE DE BODA

SINOPSIS.— Estados Unidos sigue siendo para algunos la tierra de las oportunidades. Allí es donde Wai-Tung Gao, un emigrante oriental, ha conseguido una posición económica envidiable. Gracias a sus negocios, se ha convertido en un ejecutivo que disfruta de una saneada cuenta bancaria, es ciudadano estadounidense y habita en un bonito apartamento situado en Manhattan. Por si fuera poco, convive con su amante, Simon, un guapo norteamericano. Ningún problema ensombrece su vida porque su condición de homosexual no llega a oídos de sus ancianos padres, que viven en Taiwan, a más de diez mil millas de distancia. Y a ellos sólo les preocupa una cosa: que Wai-Tung no se haya casado aún.

Un día, ante esta preocupación paterna y sus repercusiones psicológicas en Wai-Tung, Simon, su amante, le propone solucionarla de una manera simple: que contraiga matrimonio con Wei-Wei, una joven y bonita artista china, inquilina de uno de los apartamentos del Soho propiedad de Wai-Tung, y que se encuentra en una situación límite al no poder conseguir de ningún modo la tarjeta de residencia en Estados Unidos.

La solución parece sencilla, y tras hablar con Wei-Wei, parece que los problemas se van a solucionar satisfactoriamente para todos. La muchacha se traslada a vivir a casa de su "futuro esposo" a fin de prepararse para las entrevistas que habrán de pasar en las oficinas de emigración.

Cuando Wai-Tung les comunica a sus padres la "buena nueva" se lleva una sorpresa mayúscula: el Sr. y la Sra. Gao no dudan en atravesar medio mundo para presenciar en directo la boda de su querido hijo, algo con lo que el "novio" no había contado.

Wai-Tung había preparado una sencilla ceremonia de trámite en el juzgado, pero sus padres, al llegar a Estados Unidos, deciden que la boda tiene que celebrarse por todo lo alto, con un banquete a las más pura usanza y tradición de Taiwan. Y con docenas de invitados.

Todo comienza a cambiar en el entorno de las vidas de la pareja homosexual, y lo que era una pequeña mentira, se convierte en una gran farsa.

El matrimonio se celebra con un gran banquete de boda, donde todos los invitados acaban ebrios, incluida la novia que, en un momento dado, animada por el alcohol, en la habitación nupcial, decide abalanzarse sobre su marido. El resultado de la movida noche de bodas es que Wei-Wei ha quedado embarazada.

A partir de ese momento, las relaciones entre Wai-Tung y Simon comienzan a enrarecerse y Wei-Wei decide deshacerse de la criatura. Pero un ataque al corazón del Sr. Gao cambia las circunstancias. En los pasillos del hospital en donde es atendido el padre del novio, éste decide confesar a su madre su condición homosexual, lo que constituye para la anciana una auténtica tragedia. Pero el Sr. Gao, una vez repuesto, también tiene un secreto que desvelar y no duda en hacerlo al más interesado: Simon.

COMENTARIO.— El Oso de Oro de Berlín 1993, otorgado a Ang Lee por *El banquete de boda* supuso el descubrimiento de este director taiwanés que sólo llevaba en su haber un largometraje anterior, *Pushing hands* (1991), producido por Ted Hope, uno de los productores más interesantes del cine independiente norteamericano, que también ha colaborado con Hal Hartley en *Simple men.* A pesar de que era la primera obra del director, *Pushing hands* se presentó en 1992 en la sección Panorama del Festival de Cine de Berlín y obtuvo el premio a la Mejor Película en el Festival de Cine de Asia y del Pacífico. Asimismo, obtuvo nueve nominaciones al Caballo de Oro, el equivalente a los "Oscars" en Taiwan, y consiguió tres premios, entre ellos el Premio Especial del Jurado por la dirección de Ang Lee, que nació en 1954 en Ping-Pong, Taiwan. En 1973 se incorporó a la Academia de Artes, donde estudió teatro y cine y rodó sus primeras producciones cinematográficas: trabajos en súper 8.

El año 1978 marca su traslado a Estados Unidos, en concreto a Illinois, donde prosigue sus estudios universitarios hasta 1980, para llegar después a Nueva York. A la vez que realiza sus estudios de máster de cine en la Universidad de Nueva York, rueda *Fine Line,* su quinto cortometraje, en realidad un mediometraje de 45 minutos, que le hace obtener el Premio al Mejor Director y a la Mejor Película en el Festival de Cine de la Universidad.

Su encuentro con Ted Hope y con James Schamus, fundadores de la productora Good Machines, va a resultar crucial para su carrera. Ellos producen el primer largometraje de Lee, el segundo, *El Banquete de boda* —un éxito de taquilla que fue nominado al Oscar como Mejor Película Extranjera— y el tercero, *Eat, drink, man, woman (Comer, beber y amar),* que fue presentado en el

OSO DE ORO
Berlin '93

El
BANQUETE
de
BODA

Una producción de **Central Motion Pictures Corporation** en asociación con **Good Machine**
Ah-Leh Qua, Sihung Lung, May Chin, Winston Chao y **Mitchell Lichtenstein** como *Simon*
Música **Mader**; Diseñador de Producción **Steve Rosenzweig**; Montaje **Tim Squyres**
Director de Fotografía **Jong Lin**; Guión **Ang Lee, Neil Feng** y **James Schamus**
Producida por **Ted Hope, James Schamus** y **Ang Lee**
Dirigida por Ang Lee

Festival de San Sebastián de 1994, y también nominado para el "Oscar" a la Mejor Película Extranjera.

En 1995 Lee dirigió *Sentido y sensibilidad,* que tuvo como guionista a Emma Thompson quien obtuvo el Oscar en esta categoría en 1996.

Los guiones de *Pushing hands* y *El banquete de boda* ganaron también la competición nacional de guiones patrocinada por la oficina de información gubernamental de Taiwan

El banquete de boda fue rodada en Nueva York y aunque mantiene el espíritu y el estilo de producción del cine independiente americano, hay que hacer notar que fue financiada con capital taiwanés. Lee tenía escrita la historia cinco años antes de rodarla, pero no pudo llevarla a la pantalla porque la sociedad taiwanesa mantenía en ese momento un criterio cerrado y estricto acerca de la homosexualidad. Cuando se estrenó, Lee explicó: "Ahora las cosas han cambiado y se empieza a tener una actitud de aceptar diferentes valores individuales de la vida y la sociedad. Yo sabía que el público estaba preparado para esto, pero me preocupaba el lastre que echarían los conservadores. Esto no ha pasado y supongo que se debe a que es una comedia. Es fácil de digerir, es emotiva y es un drama familiar. De hecho, ha sido la película de más éxito y mayor recaudación en la historia de Taiwan. Y un mes después de estrenarse la película se constituyó la primera organización de lesbianas y 'gays' de Taiwan".

Que Ang Lee desarrollara la historia de este largometraje a partir de una pareja de homosexuales se basa en un hecho real. Un amigo del director taiwanés vivía en Washington junto a su amante, el auténtico Simon, y reorganizaban todo el mobiliario de la casa cuando sus padres iban a visitarle, ya que no conocían la auténtica naturaleza de sus relaciones amorosas.

Tiempo después, Lee se interesó por el tema de las bodas, e incluso la escena de la película en la que se narra la ceremonia es reflejo fidedigno de su propia boda, lágrimas de la madre incluidas. El realizador unió las dos ideas y él y el coguionista, James Schamus, recogieron toda la información acerca de las celebraciones matrimoniales taiwanesas y de la pareja homosexual real, de la que están tomadas diversas situaciones y diálogos.

Otro de los aspectos que el film toca, desde un punto de vista irónico, es el de la política. El matrimonio de conveniencia entre el homosexual y la emigrante china hacía referencia a la situación de

Taiwan respecto a China. Por un lado, los defensores de la unión de ambos territorios, y por otro, los detractores de esta idea que mantienen la postura de que Taiwan debe ser completamente independiente de China. *El banquete de boda* resulta así una comedia sobre las distintas identidades políticas, sociales, económicas y sexuales no sólo del pueblo taiwanés, sino por extensión, de todos los seres humanos.

Este film obtuvo el Premio al Mejor Director y a la Mejor Película en el Festival de Seattle.

El protagonista de *El banquete de boda* fue Winston Chao, un actor sin experiencia que fue elegido por Lee a causa de la dificultad de encontrar un actor chino en Taiwan —que no posee una industria cinematográfica muy desarrollada—, joven, apuesto, atractivo para la pantalla grande y dispuesto a dar vida a un "gay". Chao, cuyos estudios profesionales se han centrado en la ingeniería, nunca había vivido en Estados Unidos, y no dominaba el inglés. Lee tuvo que enseñarle interpretación desde el principio.

FICHA TECNICA.— Título original: *Xi yon /The wedding banquet.* Dirección: Ang Lee. Guión: Ang Lee, James Schamus, Neil Feng. Montaje: Tim Squyres. Fotografía: Jong Li. Música: Mader. Productor: Ted Hope, Ang Lee y James Schamus. Productor ejecutivo: Steve Rosenzweig. Nacionalidad: Estados Unidos/ Taiwan. Duración: 104 minutos. Color 35 mm. Año: 1993.

FICHA ARTISTICA.— Winston Chao (Wai-Tung Gao), May Chin (Wei-Wei), Mitchell Lichtenstein (Simón), Sihung Lung (Sr. Gao), Ah-Leh Gua (Sra. Gao).

BARTON FINK y FARGO

SINOPSIS (BARTON FINK).— Barton Fink, un autor teatral de éxito obsesionado con imponer una nueva narrativa protagonizada por lo que él denomina "el hombre de la calle", es reclutado por un estudio de Hollywood para escribir el guión de una película de lucha libre que protagonizará Wallace Beery. Tras viajar desde Nueva York a Hollywood para establecerse en un hotel y conocer a sus nuevos patronos, el escritor empieza a sufrir un problema de crisis creativa, se queda en blanco, no es capaz de adaptarse a su nuevo entorno. En Hollywood el prometedor autor teatral acabará por quedar reducido a una temblorosa figura que todos los que le rodean parecen estar dispuestos a manejar como una marioneta más en la ciudad de las marionetas, en la meca del cine, en los años cuarenta, poco antes de que estalle la Segunda Guerra Mundial. Sólo la amistad con un vendedor de seguros y el encuentro con un guionista alcohólico y su amante introducen algunos puntos de referencia en el caos que va envolviendo a Barton, pero nadie es lo que parece y el caos empieza a transformarse en una pesadilla incontrolable.

FARGO.— Un suceso real ocurrido en Minnesota en 1987. Jerry Lundegaard (W. H. Macy), vende coches en Minneápolis, pero no piensa pasar el resto de su vida siendo sólo un empleado en empresa ajena y tiene sus propias ideas para hacerse rico. El problema es que en realidad está cubierto de deudas. Para conseguir la suma que necesita elabora un plan aparentemente sencillo: contrata a dos matones para que secuestren a su mujer. Piensa pagar a los dos hombres con una pequeña parte del rescate que aportará su suegro y emplear el resto del dinero en cancelar deudas. Ese camino hacia la tranquilidad se ve truncado por un rosario de inconvenientes que no ha previsto, como la incompetencia sangrienta de los matones, la tacañería de su suegro, la necedad de su esposa y la cabezonería y dedicación de una jefa de policía local, Madge Gunderson (Frances McDormand), que a pesar de estar en avanzado estado de gestación le sigue la pista mientras investiga unos asesinatos en la carretera.

COMENTARIO.— No es tarea fácil elegir un título en la producción de los hermanos Coen, Joel y Ethan, capaz de resumir su aportación al cine independiente norteamericano de los años noventa, en el que no sólo son figuras indispensables para entender la evolución de esta práctica creativa paralela dentro del cine estadounidense, sino también una especie de guías, "gurus" o maestros para el resto de los jóvenes creadores cinematográficos que se mueven en este terreno.

La incapacidad para elegir una sola película ha producido como consecuencia esencial este comentario bicéfalo, similar al aplicado a *Bad Lieutnant* y *Juego peligroso*. Sin embargo, al contrario de lo que sucedía en el caso de Abel Ferrara, es urgente aclarar que la selección de estos dos títulos no implica que los autores pensemos en *Barton Fink* y *Fargo* como lo mejor de los Coen, ya que títulos como *Sangre fácil, Arizona Baby* o *Muerte entre las flores* tienen méritos más que suficientes para figurar en cualquier recopilación del cine independiente norteamericano de cualquier época, aunque en nuestro caso hayamos elegido primar en la selección la proximidad en el tiempo del estreno de estas dos películas, dejando para otra ocasión un repaso más amplio y pormenorizado de la filmografía de este dúo creativo que se inició en el campo del largometraje en el año 1983 con *Sangre fácil,* que fue saludada como un ejercicio de renovación del cine negro partiendo de una visita a los tópicos con un tinte de socarronería que después se ha extendido al resto de la filmografía de Joel y Ethan.

Barton Fink se estrenó en España en 1991. *Fargo* es una producción con fecha de estreno en 1996. Ambas se encuentran sin duda entre lo más representativo de la filmografía de los hermanos Coen, y las dos cuentan con notas definitorias de su forma de entender el cine como un enigma, un rito de adivinación y un juego de opuestos. Curiosamente, aunque ésta es una coincidencia secundaria, ambas parten de una cierta recreación de la realidad para construir sus argumentos. En *Barton Fink* somos conscientes, sobre todo al final, de que asistimos a una fabulación sobre el contacto de Arthur Miller y los literatos en general con el "contaminado" mundo de Hollywood, y no podemos evitar ver en la muchacha de la playa y el calendario a la Marilyn Monroe que representa el mito del cine por excelencia junto con todas las características de superficialidad y carácter prefabricado que se le suponen. El personaje de Barton es en cierto modo no sólo una imagen satírica de Miller, sino en general una representación de todos los talentos literarios que se estrellaron con la industria del cine, una larga lista de figuras de las letras en la que destacan gentes como Raymond Chandler y sobre todo, William Faulkner, que con toda probabilidad inspira en algunos pasajes el personaje del alcohólico William P. Mayhew de la película, aunque ellos no sean, ni mucho menos, ejemplos aislados. El cine nunca ha mantenido buenas relaciones con quienes le suministran la base literaria para sus fantasías, y al mismo tiempo los creadores literarios siempre han experimentado un agudo escepticismo hacia el cine, no sólo en Estados Unidos, sino en general en cualquier lugar del mundo, y basta recordar el caso de Antonio Gala frente a la adaptación de *La pasión turca* acometida por el director Vicente Aranda para hacerse una idea de las relaciones de amor y odio (más de lo segundo que de lo primero, o por lo menos mucha más animadversión que afecto) que presiden el camino común del cine y la literatura. Al ser reflejada en *Barton Fink,* esta turbulenta relación entre la letra y la imagen le proporciona a la película un toque satírico enriquecedor y también dramático.

Por su parte, *Fargo* nace de la recreación de una página de sucesos en torno a un secuestro organizado por el marido de la propia víctima, pero los Coen han sometido también esa historia esencial a una especie de acondicionamiento destinado a acercar el suceso a sus propias inquietudes, que pasan por la creación de unos personajes sujetos a la norma esencial de negar el estereotipo. La gente que puebla *Fargo,* paradójicamente, son los hombres (y mujeres) de la calle, ese "hombre medio" que obsesiona al protagonista de *Barton Fink* casi tanto como los "gritos de los pescaderos".

En *Barton Fink* descubrimos un aire mítico desde los títulos de crédito, trabajados como en una producción del cine en su etapa más dorada y brillante. Forman parte del engaño, del juego que los Coen practican con el público. La historia es en realidad un cuento con numerosos apuntes de corte terrorífico o fantástico que conducen el suspense. En esencia, *Barton Fink* no puede adscribirse a un solo género cinematográfico. Podría parecer que es cine visto por el cine, pero ése es sólo uno de sus aspectos. Es también algo terrorífico, no sólo con la aparición del cadáver junto al protagonista en una cama ensangrentada o con el ataque del asesino en serie a los policías en el hotel envuelto en llamas, que dicho sea de paso recuerda los ataques del cazarrecompensas en *Arizona Baby.* El lado más terrorífico de *Barton Fink* queda introducido por la identificación del público con el protagonista en el momento en que éste llega al hotel de aspecto fantasmagórico, con el botones —una genial aparición de Steve Buscemi saliendo del suelo como el personaje de una película de terror, o arrastrando el ruidoso carro de los zapatos por los interminables pasillos—, con el ascensorista, con los pasillos, con la habitación que pierde el papel pintado de sus paredes...

Todo el aire del hotel nos lleva junto con el protagonista a otro mundo, quizá porque el propio Barton Fink ha dejado el mundo "real" del teatro en Nueva York para entrar en el mundo "ficticio" del cine en Hollywood. La exageración en esos elementos y en la satírica representación del magnate de Hollywood es tan genial en su recargado barroquismo como genial es también la representación simplificada de la investigación policial de *Fargo* en su simplificación casi "nonsense" de los personajes y las situaciones. En ambos casos el objetivo final es el mismo: construir el humor de la película que habrá de contraponerse a los hechos terribles, sangrientos, inesperados y dramáticos que se incluyen en la misma.

Todos los encuentros de Barton con el jefe del estudio tienen toques geniales y van incrementando su impacto cómico y crítico hasta llegar al hilarante y al mismo tiempo trágico encuentro final, con el ejecutivo de Hollywood disfrazado con el uniforme de alto mando del ejército norteamericano, que le han proporcionado los encargados de guardarropía del estudio coincidiendo con la entrada de Estados Unidos en la Segunda Guerra Mundial, aunque los Coen mantienen el aire de paisaje onírico renunciando a profundizar en la caracterización "histórica" de su relato para mantener la sensación de que todo lo que sucede en la película puede pasar en cualquier momento de la historia tanto como en cualquier lugar del mundo. Mirando desde ese punto de vista la película *Barton Fink,* el rótulo que aparece al principio: "Nueva York, 1941", quizá no está ahí sólo para situarnos, sino también y esencialmente como una especie de adorno, guiño u homenaje a un convencionalismo narrativo muy explotado que no encaja con la originalidad del resto. A los Coen les gusta jugar con los elementos tradicionales de las fábulas cinematográficas con una clara vocación subversiva hacia los mismos.

El Barton que al principio declara: "Uno escribe desde sus entrañas, y las entrañas le indican a uno cuando algo es bueno y cuando es solamente correcto", es la víctima ideal para ser sometido al papel de antihéroe y víctima de los Coen, y en general se identifica con otros protagonistas de su filmografía, como el marido chantajeado de *Sangre fácil,* el ex-convicto secuestrador del bebé interpretado por Nicolas Cage en *Arizona Baby* o el organizador del secuestro de su propia mujer en *Fargo*. Barton forma con estos dos personajes una especie de trío que ejerce como pilar de la galería de pobres tipos que puebla el mundo de los hermanos Coen. Tipos inmaduros, tan sumidos en la duda y en la soledad que en algunos momentos de la película, en el momento de la despedida del que creemos vendedor de seguros, casi vemos a este personaje como el pirata embaucador John Silver el Largo de *La isla del tesoro* frente al adolescente víctima de su engaño: Barton.

Bajo otro punto de vista, Barton puede ser visto como un héroe con toques kafkianos, e incluso puede llegar a recordarnos al antihéroe de la *Cabeza borradora* de David Lynch, mientras el referente mítico y en último término la conclusión de la película quedan introducidos en la historia con la muchacha del cuadro, que mira el mar y nos da la espalda, como una *Laura* reformada en clave de guiño, con fines muy distintos a los de la heroína de Otto Preminger.

En *Barton Fink,* Joel y Ethan Coen pusieron de manifiesto nuevamente su cualidad para manejar con sorprendente ductilidad lo real y lo ficticio, lo racional y lo irracional, lo real y lo imaginario, y sobre todo la introducción de lo ajeno, lo extraño, en un esquema aparentemente tan simple como cotidiano.

Ese trabajo de equilibrio se repite en *Fargo,* película saludada como regreso del dúo a sus orígenes tras el descalabro creativo, crítico y público de *El gran salto,* que por el momento puede ser considerada como su película fallida.

En *Fargo* reaparece la intención onírica de *Barton Fink* bajo un prisma totalmente distinto, pero manteniéndose el aire de pesadilla que, en general, suele presidir todas las narraciones de los hermanos Coen. El paisaje cubierto por el manto blanco interminable de la nieve, casi sin puntos de referencia, la gigantesca efigie del leñador Paul Bunyan que brota inesperadamente como una aparición terrorífica al borde de la carretera, son sólo dos referencias de la idea de pesadilla de la película, que sin embargo se manifiesta desde un punto de vista distinto al de la odisea de Barton en Hollywood. Lo que predomina sobre todo en *Fargo* es el juego con los opuestos: los gusanos que le lleva la jefa de policía a su marido y el desayuno que ambos se disponen a disfrutar, la policía embarazada deteniendo al gigantesco asesino mientras éste intenta descuartizar a una de sus víctimas, el propio dúo de secuestradores con la alternancia del alto y silencioso con el flaco parlanchín y bocazas, la hilarante conversación del policía con el testigo del bar que barre su puerta, seguida inmediatamente por la escena de Steve Buscemi en el coche retirando el vendaje de la sanguinolenta herida de la cara. Lo más sangriento sigue a lo más reposado, como si se quisiera confundir al público utilizando sus sensaciones, pero sobre todo con el objetivo de huir de todo lo visto anteriormente en un argumento de este tipo, del tedio de los estereotipos, de la vulgaridad de los hechos asumidos, de la voracidad esquilmadora de la imaginación que practican los oportunistas embozados en el pretexto de respetar las normas del género.

Lo que los hermanos Coen practican en *Fargo* es una ácida sátira sobre los "reality shows" y los programas sobre crímenes, que en la televisión estadounidense son un auténtico fenómeno de audiencia. En *Fargo* se manipula el suceso auténtico no sólo para adecuarlo a las necesidades narrativas del medio cinematográfico, sino quizá también para hacer mofa de la manipulación en el medio televisivo.

Ethan Coen, destacado en su tarea de productor de la película, explicaba ésta como "un relato con una parte del país con la que estamos muy familiarizados. Los paisajes, los personajes y en general la sensibilidad del Medio Oeste son facetas de la película para las que creemos tener una perspectiva única". Por su parte, el director, Joel Coen, completa la ubicación de *Fargo* en su filmografía cuando afirma: "Todo lo que habíamos hecho antes era ficción pura, historias que nos habíamos inventado, argumentos y personajes que eran conscientemente artificiales. *Fargo,* por el contrario, ha sido un esfuerzo consciente de exploración del espectro de una serie de acontecimientos no ficticios, cuyos personajes han existido realmente de algún modo, con un planteamiento y un estilo que refleja la realidad. Pero a pesar de que es una película de personajes, nunca hemos tratado directamente a esas personas ni mucho menos hemos tenido acceso a sus conversaciones privadas. Sin embargo, al estudiar los datos del caso, y gracias a nuestro conocimiento acerca del modo de actuar de los habitantes del Medio Oeste, pudimos especular sobre las motivaciones, intenciones, acciones y reacciones personales de personajes que nos intrigaban y en los que en cierto modo nos veíamos reflejados. Muchas veces, cuando ves películas basadas en hechos reales, los personajes han sido reforzados de un modo u otro para maquillar el relato y adaptarlo a las expectativas de ficción del público. En este caso, sin embargo, simplemente dejamos que los personajes que aparecen en la historia representaran sus papeles. No hubo necesidad ni intención por nuestra parte de adaptar a ninguno de ellos. Es evidente que los personajes hablan con voz propia".

Joel Coen estudió en la Escuela de Cine de Nueva York y después dio sus primeros pasos en este medio trabajando como ayudante de montaje en varias películas de terror de bajo presupuesto, como *Posesión infernal,* de Sam Raimi, etapa en la que empezó a escribir junto a su hermano Ethan lo que iba a convertirse en su primer largometraje como director, *Sangre fácil.* Desde ese momento, Joel y Ethan colaboran en los guiones de sus películas, y mientras el primero se ocupa de la dirección, el segundo ejerce como productor. Ethan se graduó en la Universidad de Princeton. Los trabajos de ambos para el cine se anuncian siempre, por propia elección, como "una película de Joel y Ethan Coen".

Barton Fink ganó la Palma de Oro, el Premio a la Mejor Dirección y el Premio a la Mejor Interpretación Masculina para John Turturro en el Festival de Cannes de 1991. *Fargo* repitió el Premio a la Mejor Dirección en el Festival de Cannes de 1996.

FICHA TECNICA.— BARTON FINK. Título original: *Barton Fink.* Director: Joel Coen. Guión: Joel y Ethan Coen. Montaje: Roderik Jaynes. Fotografía: Roger Deakins. Diseño de producción: Dennis Gassner. Música: Carter Burwell. Productor: Ethan Coen. Producción ejecutiva: Ben Barenholtz, Ted Pedas, Jim Pedas, Bill Durkin. Nacionalidad: Estados Unidos. Duración: 116 minutos. Color. Año: 1991.

FICHA ARTISTICA.— John Turturro (Barton Fink), John Goodman (Charlie Meadows), Judy Davis (Audrey Taylor), Michel Lerner (Jack Lipnick), John Mahoney (W. P. Mayhew), Steve Buscemi (Chet).

FICHA TECNICA.— FARGO. Título original: *Fargo.* Director: Joel Coen. Guión: Joel y Ethan Coen. Montaje: Roderick Jaynes. Fotografía: Roger Deakins. Diseño de producción: Rick Heinrichs. Música: Carter Burwell. Productor: Ethan Coen. Producción ejecutiva: Tim Bevan, Eric Fellner. Nacionalidad: Estados Unidos. Duración: 93 minutos. Color. Año: 1996.

FICHA ARTISTICA.— William H. Macy (Jerry Lundegaard), Steve Buscemi (Carl Showalter), Peter Stormare (Gaear Grimsrud), Frances McDormand (Marge Gunderson), Harve Presnell (Wade Gustafson), Kristin Rudrud (Jean Lundegaard).

CLERKS

SINOPSIS.— Dante Hicks es un joven de 22 años que trabaja como cajero en una tienda de comestibles llamada Quick Stop. Un buen día recibe una llamada de su jefe para decirle que debe hacerse cargo de la tienda durante toda la jornada. Para el muchacho, aquélla iba a ser una jornada de asueto, en la que tenía proyectado levantarse tarde, ir a jugar al "hockey" y divertirse. Sus planes han sido cambiados y ahora no tiene más remedio que ir a trabajar.

Randal es el cajero del videoclub que se encuentra ubicado justo al lado de Quick Stop. Despreocupado de todo, insulta sin motivo a los clientes y aprovecha cualquier excusa para venir a charlar con Dante, a quien mete en más de un problema.

Poco a poco, el día se complica. A la tienda de comestibles empiezan a llegar clientes en busca, no sólo de artículos, sino también de otra serie de cosas: una mujer revuelve toda la tienda porque necesita encontrar la leche más fresca; un hombre busca los huevos perfectos; un anciano suplica que le presten una revista porno y le dejen utilizar los servicios reservados al personal. Algunos clientes se enfadan y le tiran cigarrillos a Dante, que se queda perplejo ante esta actitud. Por si fuera poco, su novia, Verónica, se presenta en la tienda y empieza a explicarle ciertos "detalles" sexuales. Pero aún hay más. Su ex-novia, Caitlin, antigua compañera de colegio a la que aún no ha conseguido olvidar, viene a comunicarle su próximo enlace matrimonial. Y para rematar el cuadro, un cliente muere en extrañas y embarazosas circunstancias en mitad del establecimiento, lo que hace necesaria la presencia del forense que se pregunta asombrado: ¿Pero, qué clase de tienda es ésta?

COMENTARIO.— No se puede pedir más con menos. El Premio de la Semana de la Crítica y el Premio de la Juventud a la Mejor Película Extranjera en el Festival de Cannes 1994 y el Premio de los Realizadores en el Festival de Sundance 1994, fueron a descansar a las manos del jovencísimo y debutante Kevin Smith por *Clerks*.

Este largometraje llama la atención porque algunos de los elementos contenidos en él y la manera en que se ha realizado su producción, van más allá de lo que se conoce como cine independiente, y demuestran que hacer cine no es sólo una cuestión de presupuesto con lo que esto conlleva: equipo técnico, grandes actores en la pantalla, espectaculares escenarios... También es posible narrar historias divertidas con muy poco dinero.

Kevin Smith tenía veintitrés años cuando rodó el film. Nacido en Nueva Jersey, donde vive aún, trabaja desde los 19 años en la tienda de comestibles donde se desarrolla el largometraje, Quick Stop. El famoso rótulo de tantas y tantas películas en el que, se anuncia al espectador que "los hechos que aquí se narran están basados en una historia real" es rigurosamente cierto en el caso de *Clerks.*

En 1992, Kevin Smith estaba estudiando cine en la Vancouver Film School, donde conoció a Scott Mosier, que había cursado enseñanzas de interpretación y guión en la Universidad de California. Ambos entraron en contacto con otro estudiante, David Klein, que se entusiasmó con el proyecto, y decidieron hacer una película. Smith dejó la escuela de cine para invertir el dinero de sus estudios en el film, y vendió su colección de cómics. Tras recaudar fondos aquí y allá, un fenomeno climatológico adverso favoreció la creación artística: una inundación que asoló Nueva Jersey le facilitó el dinero que le faltaba; la Agencia Federal para la Gestión de Emergencias le indemnizó por la pérdida de su coche, anegado bajo las aguas. En total, un presupuesto de poco más de tres millones de pesetas. *Clerks* se había puesto en marcha. Kevin Smith es el coproductor, director, guionista y comontador. Scott Mosier es el coproductor, comontador e ingeniero de sonido y David Klein es el director de fotografía de la película. Quick Stop no es sólo la tienda auténtica en la que trabajaba Smith. También se convirtió en el "set" de rodaje. Por su parte, el videoclub fue la sala de montaje, desde que se cerraba —a las 22:30— hasta que se abría —a las 6:30. Allí se encerraban Smith y Mosier para montar su largometraje, que se rodó en tres semanas, del 1 al 21 de abril de 1993.

La elección de los intérpretes también se realizó entre los compañeros y conocidos de Kevin Smith. Randal, uno de los protagonistas, fue encargado a un amigo de la infancia de Smith, Jeff Anderson, que pasó un día por la tienda y probó ante la cámara. Resultó tan convincente que de inmediato se le adjudicó el papel principal, aunque nunca se había planteado ser actor y trabajaba en las oficinas de la compañía AT&T. El propio Kevin Smith dio vida a Bob el silencioso y Scott Mosier —polifacético donde los haya— interpretó varios papeles pequeños, como el del cliente enojado y el de Snowball. Scott Angley, otro amigo del colegio de Smith, compuso la banda sonora original con sólo una guitarra.

El personaje de Randal —el nombre se debe a un demonio de la novela de Stephen King *The Stand*— es el más enriquecedor de *Clerks*. Funciona como el contrapunto perfecto de Dante —recibe este nombre como homenaje al creador de *La divina comedia*—, al representar el lado malévolo de la existencia. Algo así como un "diablo" revoltoso que trastoca las buenas intenciones de Dante con respecto a sus semejantes. Randal introduce las notas de humor negro y lleva al espectador a reflexionar, de una manera humorística, sobre el amor, la muerte, el sexo, la soledad e incluso el cine.

Con claros puntos en común con *Blue in the face, Clerks* es una película en la que tienen una importancia radical las palabras. Más que una cultura de la imagen, Smith ha practicado un homenaje a la comunicación verbal como vehículo de expiación de todos los conflictos, como una manera de reflexión y, sobre todo, como un escape de la soledad que habita en cada ser humano. Una de las "pistas" que se puede encontrar a este respecto en el largometraje figura en una de las secuencias del principio; cuando Dante va a abrir la tienda y fracasa en su intento de subir el cierre metálico, pone, en lugar bien visible, en el escaparate del establecimiento, un cartel con la siguiente inscripción: "Les aseguro que estamos abiertos".

Cuando *Clerks* se presentó en la Semana de la Crítica de Cannes, recibió elogiosos comentarios. De ella se dijo: "El talento no es nunca una cuestión de presupuesto. Pero el presupuesto condiciona el espíritu de una película. Si se encuentra en *Clerks* la impresión de libertad de las primeras películas de Cassavetes, si la mirada etnográfica es tan fuerte que se parece a Wiseman en una versión cómica, si las situaciones y los diálogos son tan hilarantes (Guitry no lo hizo siempre mejor), se debe a que la vida misma es la que ha presidido el proyecto y el rodaje. Kevin Smith ha sabido observar el microcosmos que le rodeaba".

FICHA TECNICA.– Título original: *Clerks.* Dirección: Kevin Smith. Guión: Kevin Smith. Montaje: Kevin Smith y Scott Mosier. Fotografía: David Klein. Música: Scott Angley. Productores: Scott Mosier y Kevin Smith. Nacionalidad: Estados Unidos. Duración: 103 minutos. Blanco y Negro 16/35 mm. Año: 1994.

FICHA ARTISTICA.– Brian O'Halloran (Dante), Jeff Anderson (Randal), Marilyn Ghigliotti (Verónica), Lisa Spoonauer (Caitlin), Jason Mewes (Jay), Kevin Smith (Bob el silencioso), Scott Mosier (varios).

EL FACTOR SORPRESA

SINOPSIS.— Si eres demasiado joven y encuentras el trabajo de tus sueños, éste puede convertirse en una pesadilla. Eso es lo que aprende Guy (Frank Whaley) cuando consigue colocarse como asistente personal de un importante productor de Hollywood, Buddy Ackerman (Kevin Spacey). Recién salido de la Escuela de Cine, Guy cae en las redes de un juego de poder que amenaza con devorarle. La megalomanía de Ackerman no tiene límites, y con frecuencia el joven aspirante recibe de su jefe humillaciones verbales que acaban por hundirle lentamente. Sólo encuentra una forma de escapar de esa lamentable situación en Dawn Lockard (Michelle Forbes), una joven productora de desarrollo que intenta mantenerse a flote en la piscina de tiburones de Hollywood. La mujer encuentra en Guy una forma de acceder al interés de Buddy Ackerman, y a su vez éste los utiliza a ambos para conseguir sus propios fines, que consisten en escalar el último peldaño hacia el poder en la compañía para la que trabaja. El proyecto de Dawn, *Real Life,* se convierte en piedra de toque entre este trío de personajes ambiciosos que tienen que aprender a jugar el juego de Hollywood de una manera distinta y mucho más sangrienta.

COMENTARIO.— El cine visto por el cine es un recurso que suele dar buenos resultados en su traslado a la pantalla. No faltan ejemplos de lo productivo que suele ser mirarse en el ombligo con forma de espejo para los creadores del cine norteamericano: Vincente Minnelli se permitió ese juego de autoconfesión en *Cautivos del mal* y *Dos semanas en otra ciudad* y más recientemente Robert Altman repitió la jugada adaptándola a nuestro tiempo en *El juego de Hollywood,* pero frente a los muchos ejemplos que propone el cine mirado por el cine, George Huang ofrece en *El factor sorpresa* una versión más íntima y personal, planteando su juego dramático como un homenaje a las figuras más insignificantes de la maquinaria cinematográfica norteamericana, esos auxiliares, ayudantes, asesores y oficinistas que abordan su trabajo cargados con un voluminoso equipaje de ilusiones y mitomanía y en muchos casos acaban consumidos en una existencia gris. Huang practica, como su protagonista, un juego de mitomanía, adorna el guión de su película con una serie de homenajes, pero sorprendentemente consigue salir del callejón de la cinefilia para elaborar un drama intenso y bien construido que funciona dentro del género de suspense partiendo de una estructura próxima a *El crepúsculo de los dioses*, de Billy Wilder.

Tal y como sucede en esa película, Huang empieza su historia por el final, con un cadáver que atrae nuestra atención, aunque en su caso ha preferido estimular el suspense convirtiendo toda su narración en un camino de iniciación para averiguar quién es el personaje que viaja como cadáver camino de la mesa del forense, situación que no se planteaba en el caso de Wilder, que desde el principio nos muestra al héroe y narrador de su historia, interpretado por William Holden, muerto, flotando en la piscina de la protagonista, encarnada —con un claro toque de autohomenaje sin inhibiciones— por Gloria Swanson.

El homenaje de Huang a *El crepúsculo de los dioses* permite a los cinéfilos más avezados conocer la identidad del cadáver desde el primer momento, siguiendo la pista de quién narra la historia de *El factor sorpresa*. El muerto es aquí también el que nos sirve la historia como narrador.

Las notas de producción de la película afirman que el director de *El factor sorpresa* pasó seis años trabajando al mismo tiempo en Lucasfilms y en Columbia Pictures como ayudante del vicepresidente ejecutivo de producción de la compañía, Barry Josephson. Esa experiencia se refleja en el aire de autenticidad en los ambientes que refleja la película. No es exagerado pensar que los pasillos de los grandes estudios están sembrados de seres como los que Huang convierte en protagonistas de su historia, pero tampoco conviene reducir el hábitat de esta fauna, a veces tan cadavérica como los gusanos que estudian los forenses para establecer el momento de la muerte. Cualquier oficina es un ambiente que proporciona todas las condiciones para la creación de un déspota egomaníaco como el Ackerman interpretado por Kevin Spacey en la película, y es sólo cuestión de tiempo que acabemos por encontrarnos con uno de estos tipos lamentables. Quien esto escribe, imagino que como muchos otros de los espectadores de *El factor sorpresa,* reconoció a uno o varios de sus (afortunadamente) ex-jefes representados en la figura de Ackerman y, lo que es aún peor, se reconoció a sí mismo en la figura de Guy, que paga muy caro su deseo de trepar en las estructuras del poder. El mensaje destacado al final de la película es, sin embargo, aún más temible: cualquier Guy puede llegar a convertirse en un Ackerman si consigue una parcela de poder, por minúscula que ésta sea. O lo que es lo mismo, cualquier explotado puede convertirse en explotador en cuanto le den la menor oportunidad. Ese es el gran atractivo de *El factor sorpresa*. El cine es sólo un pretexto, un ambiente conocido por su director, para contar una fábula que puede universalizarse a todos los ambientes de trabajo, a todas las empresas, en cualquier lugar del mundo donde algún cretino tenga la posibilidad de acceder al poder. Eso incluye también el mensaje final de la película, que nos presenta al novato Guy como un futuro Ackerman. En ciertos ambientes, los corderos se convierten en lobos, o perecen.

Según parece la chispa que encendió la decisión de llevar al cine algunas de las experiencias recopiladas en su trabajo en la industria del cine no prendió en Huang hasta que comprobó que la "independencia" tiene también un lugar reservado en el cine norteamericano con el éxito de *El mariachi,* la película del puñado de dólares dirigida por Robert Rodriguez.

Huang escribió el guión de *El factor sorpresa* en tres semanas encerrándose en una cabaña de las montañas de Utah, poco después de la celebración del festival de cine independiente de Sundance de 1993. El guión empezó a circular por Hollywood hasta llegar a las manos de Kevin Spacey, que decidió apoyar la película no sólo como actor, sino también como productor, ya que, según sus propias declaraciones: "Llevando tanto tiempo como llevo en el negocio del cine, he tenido mis correspondientes tropiezos con la clase de gente, también se les podría llamar dementes, que ocupa posiciones de poder, y lo más terrible es que el personaje de Buddy Ackerman no se aleja de la realidad".

El rodaje de la película tenía que terminarse en un plazo de 18 días y fue acometido con importantes limitaciones de recursos y presupuesto. "El primer día no había película para filmar en el estudio —señala Huang—. El segundo día el coordinador de transportes fue atropellado por uno de nuestros coches y se rompió un pie. El tercer día se incendió uno de los camiones de producción con todo su contenido. Todos los accesorios fueron incautados por la policía. Y el cuarto día tuvimos un terremoto. Después de este comienzo es maravilloso que se haya podido hacer la película."

El director de *El factor sorpresa* afirma que el 20% del material incluido en la película es de carácter autobiográfico: "Lo que yo escribo es una reflexión sobre lo que he visto. Pongo un ejemplo, ciertamente no puedo defender que exista una misoginia inherente en la industria cinematográfica, pero sí puedo hablar desde la experiencia cuando veo a mi grupo de compañeros de hace tres años y observo que los hombres han ido escalando puestos mientras las mujeres han tenido que abandonar la industria o están intentando mantenerse a flote en sus puestos de trabajo".

La revista norteamericana *Variety,* dedicada al mundo del espectáculo, acertó a situar generacional y narrativamente la película de George Huang en un comentario firmado por Todd McCarthy: "Tomando prestada una página de *El juego de Hollywood* y haciendo un guiño a *Reservoir Dogs,* la afilada primera película de George Huang representa la última zambullida en el intento de calibrar realmente la profunda corrupción y el cinismo latente en el Hollywood de hoy en día".

El guiño a *Reservoir Dogs* a que se refiere McCarthy, la escena de la tortura a que somete el joven Guy a su jefe, atado a una silla para recordarnos al policía que es torturado y pierde la oreja a manos del señor Rubio (Michael Madsen) en la película de Quentin Tarantino, forma parte del juego de guiños que Huang maneja con soltura cinéfila, como el nombre de la productora para la que trabajan los personajes protagonistas, Keystone Pictures, o la alusión a David Lean como posible director de una producción, que se remata con una réplica de Guy: "David Lean ha muerto", y la sarcástica respuesta muy representativa del aire que se respira en Hollywood: "Nunca digas que alguien ha muerto. Di que no está disponible".

El factor sorpresa consiguió el Premio de la Crítica en el Festival de Deauville de 1995.

FICHA TÉCNICA.– Título original: *Swiming with Sharks.* Director: George Huang. Guión: George Huang. Montaje: Ed Marx. Fotografía: Steven Finestone. Diseño de producción: Veronika Merlin, Cecil Gentry. Música: Tom Hiel. Productor: Steve Alexander, Joanne Moore, Kevin Spacey. Producción ejecutiva: Jay Cohen, Tephen Israel. Nacionalidad: Estados Unidos. Duración: 96 minutos. Color. Año: 1996.

FICHA ARTÍSTICA.– Kevin Spacey (Buddy Ackerman), Frank Whalley (Guy), Michelle Forbes (Dawn).

FLIRT

SINOPSIS.— Nueva York, febrero de 1993. Una pareja de ena-morados se encuentra a punto de tomar una decisión. El es un tipo agradable y tranquilo, en realidad una buena persona, pero algo mimado.

Ella, Emily, no tiene más remedio que darle un ultimátum a su novio: se dispone a irse de viaje a París, un alejamiento que durará tres meses, y quiere que Bill se comprometa en serio o dará la rela-ción por terminada. El muchacho cuestiona la naturaleza tajante de la petición de Emily y solicita un corto espacio de tiempo —90 minutos— para decidir.

Pero las cosas no son como parecen. Mientras se dirige a pedir prestado el automóvil a un amigo, con el fin de llevar a Emily al aeropuerto, medita sobre la única posibilidad de romanticismo que existe aún en su vida. Una mujer llamada Margaret, casada, está presente en su existencia. Sin embargo, como en una pirueta del destino, Bill se encuentra atendiendo a Walter, el marido de Margaret, que está completamente destrozado. De hecho, quiere pegarse un tiro y acabar con su vida por haber perdido el amor de su mujer. Al intentar salvar a Walter de sí mismo, Bill recibe un dis-paro en la cara y tras varias dolorosas horas en el hospital, se dirige apresuradamente al aeropuerto.

Berlín, octubre de 1994. Dwight es un joven americano que vive con —y mantenido por— Johan, un comerciante de arte mayor que él. Johan no tiene más remedio que viajar a Nueva York por diversos negocios relacionados con su trabajo, pero antes de iniciar el periplo, necesita saber si su relación con el joven tiene algún futuro. Dwight cede ante la petición y le pide 90 minutos para pensárselo. Sin embargo, inmediatamente después queda con un fascinante pintor llamado Werner. Este no acude a la cita y Dwight se dirige hacia su casa donde se encuentra con la violenta y armada esposa del pintor, Greta. Al intentar que ésta no utilice el arma contra ella o contra su hija de cinco años, Dwight recibe un balazo en la cara. Tras pasar horas en el hospital, se da cuenta que su amante, Johan, se ha ido.

Tokio, marzo de 1995. Una tímida y bella estudiante de danza, Miho, es besada por su profesor y coreógrafo, el señor Ozu. La

esposa de éste, Yuki, principal bailarina del grupo, enloquece de celos al enterarse; encuentra una pistola y amenaza con matarse. Mientras, Miho ha ido a ver a su novio que está preparando el equipaje para marcharse a Los Angeles durante tres meses. Miho necesita saber si sus relaciones amorosas tienen futuro y le propone que lo piense durante 90 minutos. Al volver al estudio de danza encuentra a la policía buscando la pistola. El señor Ozu le pide a Miho que se deshaga del arma, pero Miho es descubierta con ella en las manos, la pierde, es perseguida, encarcelada por los agentes y liberada. Regresa al estudio y allí se topa con Yuki, fuera de sí. Al intentar calmarla, recibe un disparo en la cara. Miho despierta en el hospital para descubrir algo inesperado...

COMENTARIO.— Una misma historia en tres lugares diferentes. Este es el planteamiento que acerca al espectador a un film cuyos mimbres se acercan a temas concretos. Las reacciones de distintos seres humanos, pertenecientes a tres culturas diferentes ante hechos y sentimientos similares.

La génesis de *Flirt* tuvo lugar durante el rodaje de la película inmediatamente anterior de Hal Hartley, *Amateur* (1993). De hecho, en ese momento, rodó el episodio con el que se abre *Flirt* en Nueva York. Hartley no desarrolló la historia completa de la película como un solo film, sino que decidió aplicar los mismos parámetros en distintas localizaciones y crear tres narraciones iguales, con ciertas variaciones.

Quizá uno de los puntos más interesantes del largometraje sea el intercambio de sexos y de las preferencias sexuales de los personajes; una exploración acerca del amor o mejor dicho de las relaciones amorosas, no exenta de humor. El título de la película está aplicado en la acepción que la palabra "flirt" tiene en la lengua francesa: relación amorosa y casta generalmente libre de sentimientos profundos. Sin embargo, y por encima de esta pretendida frivolidad, Hartley no renuncia a analizar los sentimientos auténticos de los personajes, que se ven en circunstancias comunes llevadas a algún extremo en el que hace aparición, como elemento común a las tres historias —además de la pérdida amorosa, el sexo, y los viajes— la violencia.

Flirt es, desde un punto de vista estético, un largometraje colorista. El propio Hartley ha manifestado que este punto le interesaba extraordinariamente: "En el episodio de Tokio busqué la composición por toda la ciudad y me fijé en los tonos azules, amarillos y rojos. Berlín, en cambio es muy gris y por eso una de las secuencias que se desarrolla en el episodio de esta ciudad parece rodada en blanco y negro; el color es tan sutil que quité el sonido, porque me recordaba a las películas alemanas mudas de antes de la guerra. Aun así, busqué pinturas que centraran bien la historia del marchante de arte; parecen cuadros grises, pero tienen muchos colores"

La elección de Berlín y Tokio —además de Nueva York—como localizaciones no fueron casuales. Estuvo determinada por parte de las fuentes de financiación de la película que se interesaron por el proyecto cuando Hartley presentó *Amateur* en la Quincena del Realizador del Festival de Cannes. Hartley, a través de su productor habitual, Ted Hope, encontró apoyo económico en la compañía alemana Pandora y en la japonesa Nippon Development & Finance, que otorgaron al proyecto, de manera accidental, dos puntos de vista de culturas muy alejadas entre sí. Para el director fue algo estimulante, aunque en principio supuso una imposición. El mismo ha declarado que "nació de la fuerza de las circunstancias. Me limitaron los recursos e impusieron restricciones, pero luego el mundo fue mío".

Las barreras lingüísticas entre Hartley y los actores alemanes y japoneses fueron otro de los puntos que en un principio dificultaron el rodaje. Sin embargo, esto también fue positivo al cabo ya que al realizador no le quedó otro remedio que trabajar con la expresión física de los actores, lo que podría resumirse como imagen pura.

Se podría decir sin temor a equivocarse que el cine de Hart Hartley tiene, si no grandes influencias europeas, puntos de unión con Godard. A este respecto, este director independiente ha reconocido los puntos de interés que comparte con el realizador francés: "Principalmente, una sensibilidad gráfica. Creo que Godard ha tenido una trascendencia enorme, ha conseguido que el aspecto formal de un film pueda interesar al espectador tanto como el enfoque del argumento. Para mí ha supuesto el descubrimiento de cosas de manera intelectual. He aprendido que también se puede hablar de la dialéctica de Hegel de una manera divertida".

Curiosamente, el cine de Hartley, lejos de aparecer pretencioso intelectualmente, posee una factura sobria en la que el autor toma la suficiente distancia de sus personajes para dejar que actúen por sí mismos, añadiendo inteligentes toques de humor, críticos en ocasiones, como si pretendiese demostrar que en su universo cabe todo, al igual que en cualquier situación o circunstancia de la vida.

Por encima de cualquier otro elemento estético o ideológico de su cine, lo que predomina en su aún corta obra cinematográfica es la definición de los tipos: personajes muy realistas, a veces insospechados, pero lo suficientemente cercanos al espectador para intentar analizar la riqueza y complejidad del ser humano.

Amateur es un buen ejemplo de ello. Al igual que *Flirt,* recoge tres personajes —un delincuente amnésico, una monja que escribe cuentos pornográficos y una actriz de cine porno— con experiencias vitales muy distintas que, por azares del destino, se encuentran y deben reunir sus vidas. La búsqueda de la propia identidad y la capacidad de reacción ante las circunstancias adversas, que no dejan de ser jocosas, son de nuevo el punto de mira de este cineasta independiente.

Hartley, nacido en 1960, se educó en el Massachusetts College of Art y comenzó a realizar cortometrajes en 1985 *(Kid),* con una clara influencia del entorno en el que había crecido, Long Island. Además de realizador, ha desarrollado las tareas de guionista y productor e incluso la de compositor de sus obras. En *Flirt,* al igual que en *Amateur* y *Simple men* (1991) aparece —como músico— en los títulos de crédito con el nombre de Ned Rifle. Esta película, que fue el tercero de sus largometrajes obtuvo el premio al Mejor

Director y Mejor Película en el Festival Internacional de Cine de Fort Lauderdale.

Sus dos primeros largometrajes fueron *The unbelievable truth* (La increíble verdad) (1989), que fue estrenada en nuestro país en mayo de 1994 y *Trust (Confía en mí)* (1990), estrenada en España en noviembre de 1992. Con este film obtuvo diversos galardones, entre ellos el Gran Premio del Jurado y el de Mejor Guión del Sundance Film Festival, el Premio de la Crítica del Deauville Film Festival y el del Mejor Film del Australian Films Critics Circle.

Hartley, que ha elegido a menudo actores que fueron compañeros suyos durante sus estudios cinematográficos, ha interpretado un pequeño papel en *Flirt*. También ha dirigido videoclips para grupos musicales como Everything But The Girl, Yo La Tengo y The Breeders.

FICHA TECNICA.— Título original: *Flirt*. Dirección: Hal Hartley. Guión: Hal Hartley. Montaje: Steve Hamilton. Fotografía: Michael Spiller. Música: Ned Rifle y Jeffrey Taylor. Productor: Ted Hope. Producción ejecutiva: Jerome Brownstein, Reinhard Brunding y Satoru Iseki. Nacionalidad: Estados Unidos. Duración: 85 minutos. Color 35 mm. Año: 1995.

FICHA ARTISTICA.— Bill Sage (Bill), Parker Posey (Emily), Dwight Ewell (Dwight), Elina Löweson (Greta) Miho Nikaidon (Miho), Yuri Aso (Ozu).

LA FOTO DEL COMPROMISO
PICTURE BRIDE
PREMIO DEL PUBLICO
FESTIVAL SUNDANCE 1995
Hawai, 1918
Dejó Japón por un hombre
que nunca había visto y por un nuevo mundo
que jamás imaginó... América.
CIVITE S.A. presenta una producción MIRAMAX INTERNATIONAL en asociación con THOUSAND CRANES FILMWORKS una película de KAYO HATTA " PICTURE BRIDE "
YOUKI KUDOH AKIRA TAKAYAMA TAMLYN TOMITA CARY-HIROYUKI TAGAWA con la colaboración especial de TOSHIRO MIFUNE
diseño de vestuario ADA AKAJI diseño de producción PAUL GUNCHEON montaje LYNZEE KLINGMAN A.C.E. y MALLORY GOTTLIEB música MARK ADLER
director de fotografía CLAUDIO ROCHA productores asociados ELEANOR R. NAKAMA y NINA BLAKE coproductor ejecutivo PAUL MAYERSOHN
argumento KAYO HATTA y MARI HATTA productores LISA ONODERA y DIANE MEI LIN MARK dirigida por KAYO HATTA
CECILE CO., LTD.
SPECTRAL RECORDING DOLBY STEREO SR
MIRAMAX INTERNATIONAL

LA FOTO
DEL COMPROMISO

SINOPSIS.— Riyo queda huérfana en Tokio en el año 1918, y a sus 16 años una tía la convence para que acepte una boda gestionada por un casamentero que le lleva una foto de su pretendiente, Matsuji, un japonés apuesto emigrado a la isla de Hawai para trabajar en los campos de caña de azúcar. Riyo contempla el enlace con ilusión después de recibir la carta del pretendiente, que incluye una emotiva poesía, pero a su llegada a Hawai descubre que ha sido engañada. Matsuji es en realidad un hombre veinte años más joven que el hombre de la foto, y está muy lejos del ideal que se había hecho de él la muchacha. Por su parte, Matsuji también ha sido defraudado. Riyo no es una muchacha del campo que pueda adaptarse con facilidad a su nueva vida como trabajadora en los campos de azúcar, es demasiado débil, y como el hombre descubre más tarde, los padres de la muchacha murieron a consecuencia de la tuberculosis. Ambos se sienten engañados. Riyo se niega a mantener relaciones sexuales con su marido, Matsuji vuelve a frecuentar el prostíbulo y casa de juegos para los hombres solteros de los campos. Ella se propone con firmeza el objetivo de reunir dinero para el viaje de vuelta al Japón, para salir de los campos de azúcar, un sueño que comparten muchos de los hombres y mujeres japoneses que allí se encuentran, pero que prácticamente ninguno de ellos llega a ver cumplido.

COMENTARIO.— Elaborada según su declaración de principios inicial como un homenaje a las mujeres que cruzaron el mar de Japón a Hawai para casarse con hombres a los que sólo conocían a través de una foto, *La foto del compromiso* es un relato intenso, con cierto aire épico pero a la vez intimista, de una heroína tan exótica como el proyecto que protagoniza.

Kayo Hatta es una de las primeras directoras norteamericanas de origen japonés que consigue hacer oír su voz en el cine estadounidense. Naturalmente esa voz ha tenido que alzarse en el marco del cine independiente, a pesar de que la historia que cuenta sería perfectamente trasladable a la producción más industrial si

ésta no estuviera tan empeñada en garantizar beneficios, frecuentemente con poco tino, incluso antes de poner en marcha el rodaje
de la película. Sólo el cine independiente protege la película de
Hatta de las concesiones próximas a todos los convencionalismos
que sin duda habría tenido que aceptar en el caso de someterse a la
escrutadora presencia de los grandes estudios de producción, pres-
tos a moverse en la línea más explotada y explotadora del cine
como pretexto para vender palomitas y refrescos. En ese esquema,
la poesía reposada de *La foto del compromiso* y sus héroes humanos
se habría perdido probablemente en los brazos de un mayor efec-
tismo oportunista.

El exotismo que cultiva la película no es forzado y tampoco
permite ser asimilado fácilmente al estereotipo como esquema
esencial manejado por los grandes estudios hasta el aburrimiento.
Nacida como mezcla de historia y fábula, la película es una reflexión
sobre el desarraigo y la necesidad de superar la desesperación que
genera para adaptarse a las nuevas circunstancias. Aparentemente
un argumento muy norteamericano, pero sólo aparentemente, ya
que ni siquiera en eso los pobladores del imperio norteamericano
tienen la exclusiva de la emigración forzada, a pesar de ser un país
creado con emigrantes que han sido utilizados como carne de
cañón esencial de las guerras expansionistas.

Junto con el desarraigo de la emigración, el segundo tema de *La
foto del compromiso* es el amor en sus aspectos menos convencionales desde el punto de vista de la ficción cinematográfica. La
película es una historia de amor, o quizá sólo de aceptación, difícil
pero entrañable entre la protagonista y su marido, y también entre
la amiga de la protagonista y un marido al que el tiempo y las distintas circunstancias de una vida dura han ido cambiando inexora-
blemente para peor.

El tercer eje de la narración es la vida de los emigrantes japoneses en el campo hawaiano y especialmente de su relación con los
propietarios blancos, anglosajones y terratenientes del lugar. Esta
faceta, de mayores posibilidades épicas, queda apuntada sólo en un
boceto, casi sin desarrollar, cabe suponer que por propia elección
de la directora, que ha preferido destacar en su película una faceta
más privada e íntima, también más humana, aunque se reconoce en
su construcción argumental la intención de conseguir que la narración aporte un horizonte más amplio a su fábula privada. No hay
que olvidar que el largometraje es también una historia sobre el

pasado, el encuentro de ese pasado con una nueva realidad, en definitiva la tradición frente a las modificaciones de los nuevos tiempos. Sobre todo ello ilustra el pasaje del cine ambulante, un medio de comunicación y expresión moderno en las fechas en que se sitúa la acción de la película, que lleva al campo de los emigrantes las tradiciones de un tradicionalista samuray de leyendas japonesas.

Es por otra parte muy fácil establecer en ese juego de pasado, presente y tradiciones un paralelismo entre la protagonista de la película y la directora. Riyo atraviesa el mar desde el Japón tradicional hasta un pedazo de nuevo mundo incluido en el todavía joven imperio norteamericano: Hawai. Es un periplo y una experiencia que la realizadora Kayo Hatta puede comprender partiendo de su propia experiencia en su traslado desde Hawai hasta el continente cuando contaba seis años. Es una forma de exilio más atenuada que la de su heroína, pero a juzgar por sus declaraciones también ha dejado alguna forma de huella: "Toda mi vida he sentido una conexión espiritual con Hawai y su historia. En mis primeros años en el continente, de niña, escribía historias sobre la vida en las islas. Como resultado me he acercado a un argumento con un ardor nostálgico que infunde a este drama de época una proximidad de primera mano".

Hatta cumple así en *La foto del compromiso* una de las leyes no escritas del cine independiente norteamericano, paradójicamente la relación de "dependencia", íntima, del director con la historia que cuenta, una relación más personal que profesional, un tipo de vinculación a la película que se pierde en el cine convencional e industrial y se mantiene en todas las producciones de los independientes estadounidenses como una constante.

Las abuelas de la directora nacieron en Japón y se establecieron como hawaiano-americanas. No fueron emigrantes en busca de marido, "novias portadoras de fotografía", pero inspiran las coordenadas básicas de ese mapa del desarraigo y la nostalgia que es *La foto del compromiso*. Las tradiciones que inspiran la película como un culto al pasado y a la memoria del origen, dotan a la narración de una dimensión más amplia y evocadora que en buena medida procede de la abuela paterna de Hatta. El personaje de Riyo se hilvana con el patrón esencial de la abuela materna de la directora, que como la protagonista de la película era una muchacha de ciudad que se quedó huérfana muy joven, trabajó en una cafetería

como camarera y se casó con un hombre del campo, trasladándose luego a Hawai buscando un nuevo principio.

Junto con estos referentes familiares, Hatta entrevistó a más de veinte mujeres para completar su retrato de las japonesas que hicieron el viaje del compromiso. A lo largo de cuatro años de preproducción y con un equipo compuesto de manera muy destacada por mujeres asiático-norteamericanas, *La foto del compromiso* se convirtió en una de las propuestas más interesantes del reciente cine independiente norteamericano. El guión de la película es obra de Mari Hatta, hermana de la directora, lo que nos hace pensar si estaremos ante una versión en femenino de la alianza fraternal y creativa de los hermanos Coen.

El rodaje de *La foto del compromiso* se inició en julio de 1993 y se desarrolló como un trabajo de colaboración muy especial de todo el equipo. Incluso se planteó la necesidad de cobrar sueldos con retraso para que la filmación continuara. Entre las contribuciones de buena voluntad hacia la película destaca la de su protagonista, la japonesa Youki Kudoh, que convenció a los responsables de la firma Cecile Company, fabricante de ropa en Japón, para que aportaran el dinero necesario para la posproducción de la película.

La foto del compromiso se estrenó en la sección "Un certain regard" del Festival de Cannes en 1994 y consiguió un año más tarde el Premio del Público como Mejor Película Dramática en el festival norteamericano de cine independiente de Sundance.

El objetivo de la directora quedaba cumplido al completar un retrato poco habitual y no estereotipado de una mujer japonesa. Lejos de las "geishas" mitificadas dentro y fuera del Japón, las mujeres de este largometraje responden a un planteamiento expuesto por la directora: "Quería enfatizar la idea de no ser irreverente con las mujeres. Ellas tenían rasgos humanos muy reales acerca de la sexualidad, el miedo y el egoísmo".

La película se rodó en Waiahua, en la orilla norte de Oahu, utilizando los campos y edificios que ocuparon los trabajadores inmigrantes. No era la primera vez que la directora abordaba el tema de la emigración. En su trabajo como documentalista ya había abordado en *Curved in Silence* la vida de los inmigrantes chinos en la ciudad norteamericana de San Francisco.

Kayo Hatta fundó en 1989 la Thousand Cranes Filmworks, una compañía independiente de producción situada en Los Angeles y Honolulú.

FICHA TECNICA.— Título original: *Picture Bride.* Directora: Kayo Hatta. Guión: Kayo Hatta y Mari Hatta. Montaje: Linzee Klingman y Mallory Gotlieb. Fotografía: Claudio Rocha. Diseño de producción: Paul Guncheon. Música: Mark Adler. Productor: Lisa Onodera, Diane Meli Lin Mark. Producción ejecutiva: Eleanor R. Nakama, Nina Blake, Paul Mayersohn. Nacionalidad: Norteamericana. Duración: 101 minutos. Color. Año: 1994.

FICHA ARTISTICA.— Youki Kudoh (Riyo), Akira Takayama (Matsuji), Tamlyn Tomita (Kana), Toshiro Mifune (Benshi), Yoko Sugi (Tía Sode), Cary-Hiroyuki Tagawa (Kanzaki).

FOUR ROOMS

SINOPSIS.– Cuatro son las historias que componen este film que se desarrollan en las distintas habitaciones de un hotel de Los Angeles la noche de fin de año. El hilo conductor de todas es la presencia de Ted, el botones, que inconscientemente se ve implicado en los infortunios de sus huéspedes.

"Extraño brebaje" ("Strange brew"), "Las dos caras de un plato" ("Two sides to a plate"), "Los que se comportan mal" ("The misbehavers") y "El hombre de Hollywood" ("The man from Hollywood") son los títulos de los distintos episodios.

En la primera de ellas, se narra la reunión de un grupo de mujeres que resultan tener un denominador común nada tranquilizador: son brujas. Desde hace algunos años, y siempre durante la última noche de diciembre, alquilan la "suite" nupcial del hotel. Un propósito común las une: resucitar a Diana, su "diosa", una artista de "striptease" de los años cincuenta.

La sacerdotisa Athena es la primera en llegar al hotel; después, Elspeth, la más espectacular y llamativa de toda esta reunión de brujas que viene acompañada por una amiga, delincuente juvenil en libertad condicional. No tarda mucho en llegar el resto de estas singulares mujeres, Raven, Eva y Jezebel. Todas se preparan para el ritual al que deben acudir con el "fluido de la vida". Sin embargo, Eva, la novata, ha llegado sin el semen.

Ted, el botones, intuye que algo raro está pasando y que acudir a una habitación para llevar un simple cubo de hielo puede poner en peligro su vida.

En la segunda historia, "Las dos caras de un plato", Ted entra en la habitación 404 para llevar otro cubo de hielo. Ante su sorpresa, encuentra a Sigfried provisto de un revólver 357 Magnum. Al otro lado de la estancia, está su esposa, Angela, atada y amordazada en una silla.

Sigfried acusa al botones de haber mantenido una relación amorosa con su mujer, ante la mirada atónita de Ted. Aunque le pide disculpas, continúa con su ataque verbal, mientras su esposa continúa atada a la silla.

Tras pedir una "pequeña prueba de amor", que va a resultar su perdición, Sigfried sufre, aparentemente, un infarto, lo que aprovecha Ted para desatar a Angela. Pero, para sorpresa del sufrido botones, la rubia mujer es mucho más abusiva que su marido. Mientras Angela ataca a Sigfried, Ted prepara su evasión, pero ¿resultará tan fácil escapar de la habitación?

En *Los que se comportan mal,* una pareja formada por un gángster y su esposa deciden dejar a sus dos hijos, Sarah y Juancho —de nueve y seis años respectivamente— en la habitación del hotel, mientras ellos se van de juerga a otro lugar. Ted, el botones, queda encargado —tras ser amenazado de muerte— de echarles una mirada de vez en cuando y cuidar de que no les pase nada a estos "angelitos".

Pero antes que el botones realice su primera visita como "baby sitter", los niños ya han hecho alguna que otra travesura: se han bebido media botella de champán, han encontrado una jeringuilla con la que se dedican a jugar a los dardos en una valiosa obra de arte, han fumado y han visto la programación del canal X.

Ted les lleva leche y galletitas saladas para que se tranquilicen y vuelve, nada calmado, a su puesto en recepción. Pero, al poco rato, el teléfono suena. Los niños han descubierto en el colchón de muelles de la cama el cadáver de una prostituta. Ted, aterrado, llega a la habitación, justo en el momento en que una colilla de cigarrillo ha provocado un incendio en la habitación. Ted, Sarah y Juancho escuchan en ese momento cómo se abre la cerradura de la habitación y suponen que el gángster y su mujer han regresado al hotel. Demasiados acontecimientos para una explicación convincente.

"El hombre de Hollywood" es Chester Rush, el humorista más popular de la Meca del Cine. El y sus amigos Leo y Norman han alquilado el ático del hotel para correrse una juerga la última noche del año. Después de muchas horas de copas, el trío decide recrear uno de los episodios del *Show de Alfred Hitchcock,* aquel titulado "El hombre de Río", en el que Peter Lorre le apuesta a Steve McQueen que éste no será capaz de encender su mechero diez veces seguidas. Si lo consigue, McQueen se quedará con el nuevo coche de Lorre. De lo contrario, perderá su dedo meñique. Norman y Chester hacen la misma apuesta. Norman perderá su dedo meñique contra el Chevy Chevelle descapotable del 64 de Chester, si no consigue encender su "zippo" diez veces consecutivas.

Y Ted es reclamado para un servicio de habitaciones poco usual: debe subir al ático una cuerda, un taco de madera, un hacha, tres clavos y... un cubo de hielo. Cuando llega a la habitación se entera de un pequeño detalle: él está incluido en la apuesta y le ofrecen mil dólares para utilizar el hacha en caso de necesidad.

COMENTARIOS.— La fuerza con la que el cine independiente irrumpe cada vez más en la pantalla es, en esta película, muy evidente. Cuatro directores independientes, Allison Anders, Alexandre Rockwell, Robert Rodríguez y Quentin Tarantino, han unido sus fuerzas para contar cuatro historias diferentes con un escenario y un personaje común a todas ellas. El hotel Mon Signor y Ted funcionan como el aglutinante de cuatro mundos muy diferentes en apariencia, que sin embargo tienen una visión del cine en cierto modo unificada.

Se ha dicho de este film que es una antología del cine independiente norteamericano y bien pudiera entenderse de este modo.

La idea original de *Four Rooms* partió de Alexandre Rockwell. El y los otros tres directores coincidieron durante una temporada en varios festivales cinematográficos. Esto les permitió conocerse e incluso llegar a ser amigos. Por esta razón, Rockwell imaginó un lugar en el que sucedieran distintas historias narradas por diferentes cineastas. Le envió el proyecto a Tarantino, quien lo definió aún más, y después se pusieron en contacto con Allison y Robert. Todos partieron de la idea del lugar común y de un personaje central que aparecería en las cuatro historias. Sin embargo, cada uno de los directores escribió su guión por separado, sin conocer cómo serían los demás guiones hasta el final del trabajo. Una vez reunidos, se dieron cuenta de que el tono de las historias era similar, a pesar de haber desarrollado conceptos muy diferentes.

Mientras Anders quería con su "Extraño brebaje" dar una especial importancia al arquetipo y al misterio femenino, Rockwell deseaba hacer con "Las dos caras de un plato" un análisis de las relaciones amorosas; cómo un hombre y una mujer pueden poner a prueba su amor y bordear el cielo o el infierno. Por su parte, Rodríguez se planteó no volver a las andadas y evitar explosiones, golpes y violencia, pero su intento de hacer una comedia familiar acabó en "Los que se comportan mal" con algún que otro cadáver. Y es que está claro, que ningún creador —sea de la rama del arte que sea— puede renunciar a su mundo y a sus orígenes.

Quentin Tarantino explica la intención de su historia mucho más concisamente: "Un par de borrachos que acaban de ver el programa televisivo de Hitchcock e intentan recrearlo bajo los efectos del alcohol".

Naturalmente, las cuatro historias necesitaban articularse, desde el punto de vista del guión y de la narración cinematográfica con otros elementos aglutinantes, así que Rockwell y Tarantino escribieron secuencias que "envolvían" toda la acción del film, y añadieron personajes secundarios que sirvieran para imbricar unas historias en las otras.

La primera dificultad que surgió a la hora de la producción fue poner a los cuatro directores de acuerdo en cuanto a las fechas de rodaje. Además, cada historia que forma *Four Rooms* tiene sus propios repartos, elegidos por sus directores, aunque todos se consultaron entre sí sus elecciones. Un buen grupo de actores muy populares que, al parecer, trabajaron en el proyecto por menos dinero del que habitualmente suelen hacerlo.

Además de los intérpretes, hay que hacer notar que se trabajaba a la vez no sólo con cuatro directores, sino también con cuatro montadores, dos diseñadores de vestuario y dos equipos de ayudantes de dirección. Sólo el diseñador de producción y los técnicos de apoyo estuvieron presentes en las cuatro partes del film.

El rodaje se inició el 10 de noviembre de 1994 en Culver City, donde se construyeron las cuatro habitaciones del hotel en un estudio.

La primera historia en rodarse fue "Extraño brebaje", en la que interviene Madonna, quien al parecer puso bastante problemas con el traje de goma ajustado que el director le hizo lucir. En "Las dos caras de un plato" la propia esposa en la vida real del director, Jennifer Beals, interpreta el papel principal.

A "Los que se comportan mal" de Rodríguez hay que añadirle el mérito de que el director se dedicara a rodar este film por las mañanas y por las noches a montar *El Mariachi.* Contó con el inefable Antonio Banderas en un pequeño papel y con dos terroríficos niños, y aseguró que quería "destrozar el lugar, pero sin armas ni explosivos".

Y Tarantino, como siempre, en olor de multitud, no sólo dirigió, sino que también interpretó el personaje principal de su historia, la última en rodarse.

El personaje de unión, Ted, el botones, estuvo a cargo de Tim Roth, un intérprete que estuvo nominado al Oscar al Mejor Actor

Secundario en 1996 por su papel en *Rob Roy* y que ya había trabajado con Quentin Tarantino en *Pulp Fiction* y *Reservoir Dogs.*

El principal obstáculo de este papel radica en dotarle de una
continuidad a través de las cuatro historias, al estar dirigido por
cuatro personas distintas. No obstante, Roth es un intérprete de
amplio registro que cumplió con creces la labor encomendada en
Four Rooms, una película a caballo entre muchos géneros. Terror,
drama, comedia, y una suerte de humor negro impregnan el film al
que hay que reconocerle su ingenio y un acertado planteamiento
visual.

Como dato añadido, anotar que Lawrence Bender, productor
de *Pulp Fiction,* produjo también *Four Rooms.*

FICHA TECNICA.– Título Original: *Four Rooms.* Dirección y guión: Allison Anders, Alexandre Rockwell, Robert Rodríguez, Quentin Tarantino. Productor: Lawrence Bender. Productores ejecutivos: Quentin Tarantino y Alexandre Rockwell. Diseñador
de producción: Gary Frutkoff. Diseñadora de vestuarios: Susan
Bertram. Nacionalidad: Estados Unidos. Duración: 123 minutos.
Color 35 mm. Año: 1995.

FICHA ARTISTICA.– Tim Roth (Ted), Valeria Golino (Athena), Madonna
(Elspeth), Lili Taylor (Raven), Sammy Davis (Jezebel), Jennifer Beals (Angela), David Proval (Sigfried),
Antonio Banderas (gángster), Quentin Tarantino (Chester Rush), Bruce Willis (Leo), Paul Calderon (Nor-
man), Marisa Tomei (Margaret).

FRESH

SINOPSIS.— Sólo tiene 12 años. su nombre es Fresh y vive en Brooklyn. A pesar de su corta edad, este niño vive en un mundo de adultos que le hacen llevar una vida mucho más compleja que la correspondiente a sus años. El es un "chico para todo"; alguien que puede hacer cualquier cosa en su barrio. Incluso trabajar para el traficante de drogas Esteban y pasarle "crack" a los "camellos" menos importantes. También debe ocuparse de no llegar tarde al colegio, y mantener una buena relación con su tía Frances, con la que convive junto a sus primos.

Fresh es un niño lleno de secretos que no salen de su imaginación infantil. Su padre es un genio medio vagabundo con el que suele verse, a escondidas, en Washington Square Park. Allí, juega con él al ajedrez a la vez que aprende las lecciones que su progenitor le ofrece: debe tener los pies en el suelo y ha de saber utilizar todas las piezas del tablero, incluso sacrificando sus favoritas, con tal de alcanzar el jaque mate.

El niño, que pisa con fuerza en el territorio nada fácil de los adultos que hay a su alrededor, sabe buscarse la vida. Pero poco a poco, los sucesos empiezan a acorralarle en una suerte de tela de araña plagada de peligro.

Fresh comienza a perder interés por el negocio de las drogas. En un fuego cruzado ha resultado muerta la chica que le gustaba, Rosy. Influido por el ajedrez, el muchacho comienza a tejer una trampa que le permita salvarse a él y a su hermana mayor, drogadicta.

Con suma habilidad, Fresh convence a los dos narcotraficantes más importantes del barrio, Esteban y Corky, de que se están pisando el terreno mutuamente. El movimiento es arriesgado, pero si sale bien y su jugada es buena, Fresh puede ganar el final de la partida. Aunque habrá perdido su inocencia.

COMENTARIO.— La realidad dista mucho de ser un lugar confortable. Especialmente para los niños que, sin dejar de serlo, se convierten en adultos. Esta es la historia que Boaz Yakin plantea desde una estética muy particular, ya que la idea primigenia del film estaba en la imaginación del director desde muchos años antes de rodarla.

UN FILM DE BOAZ YAKIN

fresh

En principio, "Fresh" comenzó como la narración sobre un chico de ciudad de doce años y la influencia de todo lo que le rodeaba. Sin embargo, después fue surgiendo poco a poco, el personaje central del film, alguien que vive en un mundo duro y difícil y que intenta —a pesar de su corta edad— mantenerse emocionalmente fuera de él.

Yakin trabajó durante tres meses en la preparación del largometraje, dando clases de guión y, sobre todo, hablando con los chicos de enseñanza primaria del instituto Bushwick, en el barrio neoyorquino de Brooklyn, donde decidió ambientar el film. Incluso algunas de las experiencias verdaderas de las vidas de este grupo de muchachos fueron incorporadas al guión por su riqueza e interés en el desarrollo de la historia.

Boaz Yakin, nacido en Nueva York y formado en el New York City College y en la Universidad de Nueva York, tiene ya experiencia acumulada en el mundo del cine. No en vano ha escrito guiones para algunas productoras no independientes, como United Artists y Warner, así como para White Eagle Productions, la compañía de Sylvester Stallone y Malpaso Company, que pertenece a Clint Eastwood.

Yakin se encontraba viviendo en París y metido de lleno en la elaboración de un libro cuando Lawrence Bender —el productor de *Reservoir Dogs, Pulp Fiction* y *Abierto hasta el amanecer*— se puso en contacto con él y le ofreció la posibilidad de dirigir su primera película.

Poco tiempo después, Bender contactó con la compañía Lumière, que se interesó por el proyecto de lo que después sería *Fresh.* El realizador debutante y guionista neoyorquino terminó el último borrador de su guión en enero de 1993 y la preproducción de la película comenzó en la inmediata primavera. El rodaje propiamente dicho —localizado en Brooklyn y Manhattan— dio su primer golpe de manivela en los primeros días de julio de ese mismo año. Sólo contaron con cuarenta días para hacer el largometraje, de manera que no fue todo lo sencillo que el equipo hubiera deseado, incluyendo el calor pegajoso que la ciudad de Nueva York sufre en verano. *Fresh* estuvo terminada el 1 de septiembre de 1993.

Se tuvieron en cuenta muchos y variados factores para que el largometraje fuera realmente lo que Boaz había ideado. El primero fue encontrar un productor ejecutivo que tuviera experiencia en rodar en Nueva York, tarea que recayó sobre Randy Ostrow.

Después, se buscó un director de fotografía cuyos trabajos poseyeran la estética del cine de finales de los sesenta y principios de los setenta. La sugerencia de Yakin era *Cowboy de medianoche* y se consiguió localizar al responsable de fotografía de este film, Adam Holender, que sólo tenía 28 años en el momento que rodó la obra de Schlesinger, y cuando le ofrecieron trabajar en *Fresh,* a lo que accedió, 53.

La elección de los intérpretes también fue un trabajo minucioso. Naturalmente, el personaje protagonista fue el más difícil de localizar. Se probaron actores jóvenes profesionales y no profesionales, ya que se necesitaba a un chico que fuera expresivo, debido a que Fresh no es un personaje con demasiado diálogo; sus emociones necesitan narrarse al público a través de la expresión de su rostro.

El elegido, finalmente, fue Sean Nelson, que poseía experiencia previa en el teatro y en la televisión aunque no en el cine.

El padre de Fresh, empedernido jugador de ajedrez y filósofo, está interpretado por Samuel L. Jackson, un actor que ha intervenido en diversas películas de cine independiente —entre ellas *Jungle Fever* de Spike Lee, con la que obtuvo el Premio al Mejor Actor Secundario en el Festival de Cannes 1991, al interpretar a Gator Purify, un adicto al "crack". Su popularidad ha alcanzado una cota muy importante tras protagonizar, junto a John Travolta, *Pulp Fiction.*

Otro habitual de las producciones norteamericanas independientes, Giancarlo Esposito, es el encargado de dar vida a Esteban, el narcotraficante que ejerce una influencia decisiva sobre Fresh. Es su otro padre, alguien en quien confía, pero a la vez teme, porque el muchacho, observador e inteligente, sabe por qué caminos transcurre la existencia del camello y al final, ha de huir de su lado. El propio Esposito contó que su personaje "no es el típico traficante de drogas que aparece a menudo en el cine y en la televisión. Más bien al contrario. Esteban considera el tráfico de drogas como un negocio. Esta persona es un ser humano real que vive en nuestro mundo. Hay muchos tipos como éste ahí fuera".

Con este primer largometraje, Boaz Yakin ha intentado plasmar un trozo de la realidad cotidiana que afecta a cientos de niños en todo el mundo. La violencia, una violencia despojada de cualquier clase de "glamour", lleva al protagonista a sentirse el eje de una serie de acciones que repercuten en los demás. La pérdida de seres por los que siente afecto es el punto de inflexión que le hace tomar determinaciones que cambiarán su existencia. Sin embargo, algo muy importante de su esencia también sufre una variación. La inocencia perdida supone, casi de una manera inevitable, saltar al otro lado y pertenecer al mundo que aborrecía y que deseaba destruir.

Fresh fue presentada al Festival de Cine Independiente de Sundance 1993 y a la competición oficial de la Semana Internacional de Cine de Valladolid, SEMINCI 94, donde obtuvo el Premio al Mejor Nuevo Realizador.

FICHA TECNICA.— Título original: *Fresh.* Dirección: Boaz Yakin. Guión: Boaz Yakin. Montaje: Dorian Harris. Fotografía: Adam Holender A.S.C. Música: Steward Copeland. Productores: Lawrence Bender y Lila Cazès. Productor ejecutivo: Randy Ostrow. Nacionalidad: Estados Unidos. Duración: 109 minutos. Color. 35 mm. Año: 1993.

FICHA ARTISTICA.— Sean Nelson (Fresh), Giancarlo Esposito (Esteban), Samuel L. Jackson (Sam), N'Bushe Wright (Nichole), Ron Brice (Corky), José Zúñiga (Teniente Pérez).

GO FISH

SINOPSIS.— Eli trabaja como ayudante de un veterinario. Es una chica tranquila y tiene una novia que no vive en la misma ciudad que ella. Tiene dos gatos ya grandes y un miedo enorme a los intercambios sociales. Comparte piso con Daria, que es amiga suya desde los tiempos en que ambas iban al colegio. Daria, que tiene diez conjuntos de ropa interior, trabaja en un bar de "ambiente", de chicas, de la localidad. Ambas conocen a otra mujer, Kia, una profesora de universidad a la que le gusta dar sabios y ponderados consejos. Desde hace tres meses, Kia tiene una novia, Evy, una enfermera divorciada desde hace poco tiempo que se ha ido a vivir con su madre hace seis meses, y que tiene que soportar la constante presencia de su ex-marido, Junior, con el que estuvo conviviendo durante diez años.

Kia también tiene una compañera de piso, Max, una aspirante a escritora, de 24 años, cuyo mayor peso en esta vida es la soledad, que la acompaña de forma permanente y obsesiva.

Por alguna razón, todas se han propuesto que Max y Eli deben unir sus vidas. Pero existen un par de problemas. El primero de ellos es la novia "fantasma" de Eli; no creen en su existencia y lo achacan a la excesiva timidez de Eli para relacionarse. Por si fuera poco, la personalidad de Max es algo compleja, ya que de vez en cuando, emite opiniones muy tajantes, y es extravertida, aunque en el fondo se trata de una auténtica romántica. Juntar a estas dos mujeres no va a ser tarea fácil, pero el resto de las componentes de este grupo ha decidido poner manos a la obra, incluso, si es necesario, hacer horas extras.

COMENTARIO.— Realizar una película en blanco y negro y sobre el universo de las lesbianas demuestra que el cine independiente se sale de los cauces habituales de las historias del celuloide, y que posee una característica de individualidad muy marcada. En este caso, observamos un film militante, en principio dirigido a un público muy sectorial y específico, que sin embargo, ha quedado no sólo como una muestra de lo que se podría denominar "cine lesbiano", sino como un ejemplo de que el cine independiente puede llegar a un mayor número de espectadores de los que, en principio, serían los destinatarios el film.

Go fish es una comedia lesbiana al cien por cien. Nació, de la mano de Rose Troche y Guinevere Turner, como "una película hecha por, para y sobre lesbianas", "todas para una" y "hermanas lesbianas todas unidas" eran las consignas de las que partieron ambas creadoras.

Las reglas eran un equipo compuesto únicamente por mujeres y ningún dinero de los hombres. A partir de esta base, ambas realizadoras empezaron a escribir el guión en 1991 y fundaron la compañía de producción Can I Watch Pictures, en la pequeña comunidad cinematográfica de Chicago. Durante un año, Troche y Turner se dedicaron a buscar a las actrices que interpretarían los personajes. Llegaron de sitios distintos; una de ellas era camarera de un restaurante y otra contestó a un anuncio insertado en la prensa. Todas ellas se comprometieron a quedarse en el proyecto hasta que hubiera finalizado. Pero lo que en principio no suponía una excesiva cantidad de tiempo, se convirtió en un peregrinaje de dos años.

En el verano de 1992, un grupo de treinta mujeres se unió para comenzar el film. Cada fin de semana, durante el verano y parte del otoño, se rodaron las escenas. Pero en octubre de 1992 el presupuesto se agotó, por lo que hubieron de parar la producción. Rose Troche, no se amilanó ante tal circunstancia y se puso en contacto con Christine Vachon. Esta mujer fue también la productora del film *Swoon,* de Tom Kalin, uno de los representantes del "queer cinema", o cine de temática "gay", dirigido por realizadores "gays". *Swoon,* una historia que narra el asesinato que cometen dos jóvenes homosexuales de Chicago en los años veinte, y que ya Hitchcock había llevado a la pantalla en *La soga* (1948) fue premiada en el Festival de Sundance 1992. Este mismo argumento fue también filmado en 1959 por Richard Fleischer con un reparto encabezado por Orson Welles.

Christine Vachon, que dirige la productora KVPI junto a Kalin, leyó el guión de *Go fish,* revisó el material en bruto que ya se había rodado y aceptó producir la película y aportar la financiación que faltaba.

Por fin, el rodaje se reanudó en marzo de 1993 y se terminó un mes después, con un total de 45 días de trabajo a lo largo de once meses.

Rose Troche explicó en el momento del estreno del film "Sólo queríamos mujeres en el equipo, y deseábamos evitar, en la medida de lo posible, lo 'políticamente correcto'. Al final, tuvimos hombres en el equipo, cogimos dinero de los hombres y sin embargo sigue siendo una película lesbiana. ¿Qué es una película lesbiana? *Go fish,* como las mujeres que la hemos creado, es distinta por su sexualidad. Este es el gancho de la película. Si *Go fish* no fuera una película lesbiana, sería una película sobre una veintena de tías que viven su vida. Y eso ya se ha hecho".

Radicales y comprometidas hasta el fondo con los movimientos de defensa de los derechos de las lesbianas, Troche y Turner explicaron por qué el film se llama *Go fish:* "Es una expresión que se utiliza para decir: 've a ligar por ahí', y se refiere a Max, que va 'a pescar' una novia. Además, en Estados Unidos existe la idea de que la vagina huele a pescado, de ahí términos coloquiales como 'clam diver' (algo así como 'pescador de almeja'), y el mito sobre el olor que desprenden las mujeres, que debe ser corregido o tolerado. Queríamos que el título resultara divertido e irreverente hacia ese concepto cultural opresivo del olor femenino".

La experiencia cinematográfica de las realizadoras de este largometraje no es demasiado extensa. Rose Troche había realizado anteriormente cortometrajes en cine y en vídeo, con los que ha participado en algunos festivales internacionales.

Por su parte, Guinevere Turner es escritora, pero nunca se planteó, antes de este trabajo, escribir guiones de cine o involucrarse en la producción de un film e incluso interpretar un papel, el de Max.

La crítica estadounidense recibió *Go fish* cálidamente. A pesar de encontrar fallos propios de una primera obra, el *New York Times* contempló la película como un film que trata "de la alcahuetería lesbiana casi como una forma de activismo político. E incluso pone en escena un episodio kafkiano en el cual Daria, el personaje cómico de la 'cazachicas', es denunciada por colegas airadas que sospechan que ha hecho el amor con un hombre. (...) Hay excesos que se deben a la inexperiencia. Pero no quitan el talante realmente cómico de Ms. Troche y Ms. Turner, que son muy prometedoras".

Las experiencias personales y humanas que cuenta *Go fish* han querido acercarse al auténtico mundo de las lesbianas. Cabría recordar aquí otra película de lesbianas que alcanzó bastante éxito en nuestro país, *Felpudo maldito,* dirigida por la realizadora francesa Josiane Balasko y protagonizada por Victoria Abril. A pesar de que en ambos casos se trata de comedias, nada tienen que ver ambas películas, salvo el hecho de tratar el tema del lesbianismo. Sirva como ejemplo de que el cine independiente adquiere, en muchos casos, una vertiente militante que se hace especialmente clara en lo que a películas "gay" se refiere. Además de Tom Kalin, se observa la relación cine independiente-homosexualidad en casos como el de Todd Haynes (*Poison,* Premio Especial en el Festival de Sundance 1991), Gus Van Sant (*Mi Idaho privado*) o Gregg Araki (*Maldita generación*).

FICHA TECNICA.— Título original: *Go fish.* Dirección: Rose Troche. Guión: Guinevere Turner y Rose Troche. Montaje: Rose Troche. Fotografía: Ann T. Rossetti. Música: Brendan Dolan y Jennifer Sharpe. Productores: Christine Vachon y Tom Kalin. Productores ejecutivos: Rose Troche y Guinevere Turner. Nacionalidad: Estados Unidos. Duración: 84 minutos. Blanco y Negro. 16 mm/35 mm. Año: 1993.

FICHA ARTISTICA.— V. S. Brodie *(Eli)*, Guinevere Turner *(Max)*, T. Wendy McMillan *(Kia)*, Migdalia Meléndez *(Evy)*, Anastasia Sharp *(Daria)*.

LOS HERMANOS
McMULLEN

SINOPSIS.— Cinco años después del precipitado retorno de su madre a su tierra natal tras la muerte de su padre, los hermanos McMullen se encuentran sometidos a todo tipo de dilemas sentimentales. Jack, el mayor, está casado con Molly, que le presiona con el deseo de tener hijos hasta que consigue que el marido busque algo de sosiego y liberación consiguiendo una amante. Barry, el mediano, escribe guiones, pero el verdadero objetivo de su vida parece ser evadir toda relación sentimental que pueda suponer un compromiso firme para el futuro. Patrick, el pequeño, pide consejo a sus dos hermanos porque no sabe si seguir su naturaleza y mantener relaciones prematrimoniales o respetar pulcramente los principios morales que exige el catolicismo. No es el mejor momento para dejarse aconsejar por Jack y por Barry. El primero es un adúltero y el segundo empieza a pensar que su soltería no es tan saludable como creía porque se está traicionando a sí mismo al enamorarse de Audrey. El resultado es un enredo romántico que podría ser épico de no ser tan cotidiano.

COMENTARIO.— El compromiso y la familia son los dos ejes sobre los que gira el argumento de *Los hermanos McMullen,* lo que en cierto modo, y visto el tiempo que vivimos, le otorga un cierto aire exótico a una comedia tentada por el costumbrismo donde los diálogos se imponen al gag visual y la superficie humorística oculta un fondo de reflexión sobre nuestra incapacidad natural para asumir compromisos.

Edward Burns, nacido y criado en Nueva York y con unos primeros pasos en el mundo del cine a través del cortometraje, el trabajo como técnico en el canal de televisión de la Fox y las funciones de ayudante de dirección, empezó a escribir el guión de *Los hermanos McMullen* en 1993. La realización de la película refleja muchas de las características de las producciones independientes acometidas en el cine norteamericano con un claro afán aventurero por parte de sus promotores y creadores. Sin ir más lejos, la película de Burns se filmó con su padre como productor ejecutivo. Edward J. Burns, padre, trabajó durante 27 años en el Departamento de Policía de Nueva York y pasó 15 años ejerciendo como portavoz de ese mismo departamento en One Police Plaza, además de ser profesor adjunto del Departamento de Comunicaciones de la Universidad de St. John. El director de *Los hermanos McMullen* aclara: "Durante la producción mis padres abrieron su casa al reparto y al equipo. Organizaban su vida dependiendo de nosotros, es decir, si rodábamos en la planta de arriba ellos estaban abajo, y viceversa. Mi madre cocinaba para todos como nadie lo hubiera hecho y es difícil no interpretar bien cuando estás comiendo el mejor estofado de carne con repollo del mundo".

Esta es sólo una muestra de cómo enfocar un rodaje para acoplarse a las consabidas limitaciones de tiempo y dinero que parecen ser inseparables de la independencia. Burns explica: "En la redacción del guión nunca olvidaba las limitaciones de presupuesto. A mí me hubiera gustado que la primera escena fuera el velatorio del padre, pero reflexioné antes de pasarla de mi cabeza al papel, ya que eso hubiera supuesto alquilar un ataúd, contratar muchos extras, darles de comer, etcétera. Todos estos gastos sumados resultan bastante elevados, así que decidí que la escena comenzara con un enfoque sobre Barry y la señora McMullen y el cementerio de fondo". Es un ejemplo excelente de los malabarismos que se ven obligados a hacer los equilibristas del cine independiente para pasar al celuloide sus ideas.

Siguiendo las limitaciones de presupuesto, Burns se eligió a sí mismo como actor para interpretar el papel de Barry, ya que según él, "la producción es una ecuación con cientos de variables. Yo quería reducir el número de éstas y, como se puede ver, el equipo de producción es muy pequeño. Esto fue en parte por necesidad y en parte por elección mía. El que yo trabajara en la película iba a suponer una boca menos que alimentar y una personalidad menos con la que tratar".

A pesar de todos los cálculos, el rodaje, que se había iniciado en octubre de 1994, tuvo que ser interrumpido después de unas semanas porque el director tuvo que ser operado de apendicitis. Cuando él se recuperó, su director de fotografía sufrió una hernia discal, y el equipo no pudo volver a reunirse hasta la primavera, de forma que un rodaje previsto para 22 días se alargó en el tiempo hasta ocho meses.

La espera mereció la pena. *Los hermanos McMullen* ganó el Gran Premio del Jurado en el Festival de Cine de Sundance y el Premio del Jurado en el Festival de Deauville.

Durante la posproducción, Burns compaginaba su trabajo en la película con su ocupación como ayudante de dirección en la televisión, y tiene su propia anécdota para ejemplificar lo dura que es la vida del director independiente: "Incluso con toda la ayuda que tenía, al final me fue imposible hacer las dos cosas a la vez, o estaba en la televisión o estaba en la sala de montaje. La noche del estreno de *Nell* fuimos a entrevistar a Jodie Foster a la habitación de su hotel. Mientras esperábamos, me senté en la cama y me quedé dormido".

FICHA TECNICA.— Título original: *The Brothers McMullen*. Director: Edward Burns. Guión: Edward Burns. Montaje: Dick Fisher. Fotografía: Dick Fisher. Música: Seamus Egan. Productor: Edward Burns, Dick Fisher. Producción ejecutiva: Edward J. Burns, Ted Hope. Nacionalidad: Estados Unidos. Duración: 85 minutos. Color. Año: 1995.

FICHA ARTISTICA.— Shari Albert (Susan), Maxine Bahns (Audry), Chatharine Bolz (Mrs. McMullen), Edward Burns (Barry), Michael McGlone (Patrick), Jack Mulcahy (Jack).

'Makes Trainspotting seem like 70s Blue Peter'
THE GUARDIAN

KIDS

'BRILLIANT!'
GQ

A FILM BY LARRY CLARK

'A MASTERPIECE'
I-D

KIDS

SINOPSIS.— En la sociedad norteamericana un 48% de los adolescentes ha mantenido relaciones sexuales completas en el décimo
curso escolar, y se calcula que al menos un 50% ha practicado el
sexo sin tomar ninguna medida de protección antes de cumplir los
19 años. Un grupo de muchachos transita por la vida y por las calles
de una gran urbe estadounidense convirtiéndose en ejemplo vivo
de lo que le sucede a la juventud de nuestro tiempo. Es un día com-
pleto en sus vidas, un día con mucho calor en el que, como cada
día, todo parece estar a punto de cambiar aunque finalmente nunca
cambia nada.

COMENTARIO.— El fotógrafo Larry Clark decidió debutar
como director con una poderosa, impactante y polémica historia
sobre la adolescencia, sin concesiones a la galería, sin facilidades,
sin renunciar a mostrar lo que él considera la verdad extraída de las
estadísticas, de los casos estudiados y de los sucesos cotidianos que
se producen en las calles de las grandes urbes estadounidenses. Sus
Kids se remontan, según propia confesión, a los tiempos en que
estudiaba cine en Tulsa, Oklahoma, y como cinéfilo soñaba con dirigir la película sobre la juventud que Hollywood no había tenido el
valor ni la oportunidad de poner en pantalla. "La gran película de
adolescentes norteamericana se convirtió para mí en una especie de
sueño, algo así como 'la gran novela norteamericana' —declara—.
En las películas que había visto en mi juventud sobre la adolescencia nunca se empleaba a los actores con la edad apropiada para la
historia, siempre eran actores haciendo papeles de gente más joven.
Siempre les ponían finales felices o hacían algo para cambiarlo todo.
Siempre hay algo que no cuadra, que suena falso. Nunca es real."
Ese análisis de la juventud retratada tradicionalmente por
Hollywood, condujo a Clark, ocupado anteriormente en la fotografía con dos libros publicados en ese campo, *Tulsa* y *Teenage
Lust,* a ir gestando la idea de una película distinta sobre la juventud. "Quería hacer una película en la que los chicos fueran en
monopatín porque estoy interesado en esa cultura –afirma–. Los
chicos del monopatín tienen una libertad increíble. Hizo falta un
chico de doce años para descubrir que la ciudad entera es un patio

de recreo de cemento. Podían ir allí donde quisieran, iban absolutamente a su aire y gozaban de una independencia que los hacía únicos. Tuve que aprender a ir en monopatín con mi hijo de nueve años para poder seguir a los chicos que quería filmar y no tener que ir persiguiéndoles con mi cámara."

Después de disparar y revelar cientos de rollos fotográficos a los chicos del parque, con los que el director consiguió desarrollar una relación de proximidad, Clark tuvo la oportunidad de descubrir las características esenciales de las vidas de estos muchachos y muchachas que se convierten en protagonista colectivo de su película, destacada sobre un tono documental pero con apariencia de un largometraje de ficción sorprendente en el que destaca un trabajo de guión "desde el interior", desarrollado por uno de los adolescentes que retrata la película. Seis semanas de verano, un tiempo récord, fue el empleado en la preproducción y el rodaje. Algunas escenas tuvieron que ser rodadas en muy poco tiempo, como la que muestra a los protagonistas recorriendo el metro en monopatín, que se completó con todos los ángulos de cámara necesarios en dos horas. El resultado de todo el proyecto despliega un aire de docudrama que el propio director reconoce con orgullo cuando señala: "Algunas personas me preguntan si *Kids* es un documental. No se creen que haya sido escrita e interpretada, pero así es".

Junto con un aire de neorrealismo pasado por la piedra del diseño y la creatividad de un urbanita, lo que más sorprende de la película es el revuelo que despertó a nivel social en Estados Unidos, como si la sociedad norteamericana contemporánea estuviera dispuesta a tolerar todo tipo de excesos en la ficción con una marcada inclinación hacia la hipocresía, sin llegar a reconocer en los mismos la realidad con frecuencia dramática que anida en la puerta de su propia casa. La función de espejo de *Kids* es con seguridad su valor más seguro, su mejor aportación a la corriente de cine independiente, cubriendo una función de aviso sobre el mundo que estamos creando a nuestro alrededor en un momento en que estamos tan ocupados viviendo que se nos ha olvidado vivir.

FICHA TECNICA.– Título original: *Kids.* Director: Larry Clark. Guión: Harmony Korine. Montaje: Chris Tellefson. Fotografía: Eric Alan Edwards. Diseño de producción: Lauren Zalaznik. Música: Louis Barlow. Productor: Cary Woods. Producción ejecutiva: Gus Van Sant, Patrick Panzarella, Michael Chambers. Nacionalidad: Estados Unidos. Duración: 92 minutos. Color. Año: 1995.

FICHA ARTISTICA.– Leo Fitzpatrick (Telly), Sarah Henderson (Chica principal), Justin Pierce (Casper), Joseph Chan (Ball Owner), Jonathan S. Kim (Coreano), Adriane Brown (Niña).

NICOLAS CAGE ELISABETH SHUE JULIAN SANDS

Una película de MIKE FIGGIS

LEAVING
LAS VEGAS

LUMIÈRE PICTURES presenta una producción de LILA CAZÈS   una película de MIKE FIGGIS   NICOLAS CAGE   ELISABETH SHUE   JULIAN SANDS   "LEAVING LAS VEGAS"
Música MIKE FIGGIS   Montaje JOHN SMITH   Diseño de producción WALDEMAR KALINOWSKI   Director de fotografía DECLAN QUINN
Productores ejecutivos PAIGE SIMPSON y STUART REGEN   basada en la novela de JOHN O'BRIEN   Guión MIKE FIGGIS
Producida por LILA CAZÈS y ANNIE STEWART   Dirigida por MIKE FIGGIS

DOLBY STEREO
DIGITAL

LUMIÈRE

Distribuida por altaFilms

LEAVING LAS VEGAS

SINOPSIS.— El éxito puede devorarte. Un guionista de Holly-wood pierde su trabajo a consecuencia de su alcoholismo. Decidido a beber hasta morir, Ben recoge su liquidación, quema sus últimos objetos personales, deja atrás toda su vida y elige Las Vegas como próximo y último destino de su viaje hacia la muerte. En la ciudad del juego y el neón encuentra a una joven prostituta, Sera, que tam-bién vive mirando hacia el abismo. Ambos están destinados a enten-derse y respetar sus formas de vivir en el infierno. Mientras Ben pro-sigue su camino hacia la autodestrucción bebiendo hasta morir, Sera continúa vendiéndose cada noche en la calle. Su destino parece ser perder a los hombres que deja entrar en su vida. Su chulo, Yuri, un inmigrante con turbio pasado, muere asesinado por los hombres de su ayer después de haber comprendido que era incapaz de adap-tarse al espejismo del nuevo mundo y una nueva vida. Ahora Ben busca también su puerta de salida hacia la vida, y en ambos casos, Sera no puede hacer otra cosa que servir como testigo de vidas que se extinguen.

COMENTARIO.— El cine y el alcohol mantienen desde hace años un tórrido romance que tiene por costumbre dar resultados sorprendentemente ajustados a la sinceridad en una industria donde ésta no suele ser un valor a tener en cuenta. Los ejemplos se amon-tonan en la memoria del aficionado sin demasiada dificultad, con dos títulos mayores, *Días sin huella,* dirigida en 1945 por Billy Wil-der, y *Días de vino y rosas,* que Blake Edwards realizó en 1962, y varios títulos menores, aunque desde aquí nos permitimos recordar la interpretación del alcoholismo de Bing Crosby en *La angustia de vivir,* dirigida por George Seaton en 1954 y la exagerada versión con claras y vanas intenciones de lucimiento proporcionada por Mickey Rourke en *El borracho,* que dirigió en 1987 Barbet Schroe-der basándose en los relatos de Charles Bukowsky.

Unida a todos estos referentes, y al mismo tiempo ajena merced a su propio estilo, *Leaving Las Vegas* es un ejercicio de romance interrumpido, un esfuerzo por huir de todos los convenciona-lismos que puede suscitar su tema para situarse en un punto de vista más objetivo que no asume ni condena.

Todo el entramado de su argumento y posiblemente buena parte de su fuerza nace de la novela de John O'Brien en que se basa. Como en el caso de Charles Bukowsky en toda su peripecia literaria o de Jim Thompson en la novela *Los alcohólicos,* O'Brien busca una forma de contarse a sí mismo su propia tragedia a modo de confesión y exorcismo, elaborando el relato de un perdedor ahogado en alcohol y neón para olvidar la angustia existencial. Su álter ego, el guionista Ben, se desplaza a velocidad de vértigo por el tobogán de la autodestrucción poniendo su empeño en olvidarlo todo, incluso para olvidarse de sí mismo. Ben es O'Brien, como se encargó de demostrar la realidad antes de que fuera estrenada la ficción de la película cuando el escritor, que había conseguido huir desde su alcoholismo hacia la lucidez durante el tiempo necesario para escribir su novela, se suicidó. El escritor y su creación se unieron así compartiendo un último saludo hacia el escenario, la reverencia del adiós definitivo a la vida que predica la película desde su primer fotograma.

Bajo esa pátina de honestidad y tras el alarido existencial de los protagonistas se esconde el intento del director Mike Figgis por realizar un trabajo "de autor", en el sentido más amplio e intenso del término.

Nacido en Gran Bretaña en 1948, Figgis llegó al cine después de pasar por la música y el teatro, formó parte junto con Bryan Ferry del grupo Gas Board, y después de trabajar con una compañía de teatro de vanguardia, People Show, en la década de los setenta, formó su propia compañía teatral, The Mike Figgis Group, con la que consiguió cierto prestigio. Su siguiente paso creativo lo dio en el cine con un debut en la televisión adaptando para Channel Four *Slow Fade,* obra que había sido representada con éxito por su compañía teatral y que en su traslado a celuloide le supuso buenas críticas. Ese fue el principio de una dedicación muy especial al oficio de realizador cinematográfico que le ha llevado a ser uno de los personajes más interesantes y esquivos al encasillamiento detrás de las cámaras. Por otra parte Figgis produce también la impresión de ser un personaje calculador a quien le gusta jugar sobre seguro. *Leaving Las Vegas* tiene todo el aspecto de una película que no podía fracasar. Concebida como un proyecto de corte independiente, con un presupuesto limitado y con unos personajes y un tema que forzosamente habían de ganarse el interés de crítica y público, el resultado final, manifestado en las propias imágenes de la película, es de una espontaneidad falsa, con un tono de reportaje trucado. Todo está muy bien pensado y planificado para conseguir un tipo de magia que Figgis maneja con habilidad desde los tiempos en que realizó su primer largometraje para la pantalla grande, *Lunes tormentoso.* En aquella ocasión, como en todas sus películas posteriores hasta *Leaving Las Vegas,* una de las claves esenciales de su película ha sido el reparto. La otra clave de su cine la señalaba el propio Figgis en entrevista concedida a los autores de este libro en una de las últimas ediciones del ya desaparecido Festival de Cine de Madrid, IMAGFIC, con motivo de la visita promocional de *Asuntos sucios:* "Me gustan los personajes de villano, y me gustan también los perdedores. Me atrae ver las cosas desde un punto de vista distinto al tradicional. Los villanos y los perdedores son más interesantes".

En el tema de los repartos, Figgis ha jugado sobre seguro desde sus principios en el cine. Eligió a Sting para servir como reclamo comercial de una trama policial con "jazz" rodada en Europa con estrellas norteamericanas como Melanie Griffith y un todavía secundario Tommy Lee Jones. Era el año 1988 y la película se titulaba *Lunes tormentoso.* Un año más tarde consiguió sacar de un paréntesis de olvido casi voluntario a Richard Gere y le convenció para que ejerciera en su primer papel como villano declarado en un suspense policíaco con corrupción incluida, *Asuntos sucios.* El trabajo tuvo que satisfacer al actor, que recuperó al director años más tarde, en 1993, para darle la batuta en *Mr. Jones,* donde Gere ejercía como productor ejecutivo. De todo este recorrido profesional, sólo *La versión Browning,* rodada en 1994, parece una apuesta algo arriesgada en un director poco aficionado a correr riesgos.

Poco amigo de improvisiones, acostumbrado a dejarlo todo bien atado, Mike Figgis suele buscar lo más cercano a la garantía de éxito que puede proporcionarle un medio de expresión inicialmente tan imprevisible como el cine. Trabajar con personajes de antihéroe (no hay un solo héroe tradicional en su poco tradicional filmografía), le proporciona una baza segura a la hora de comunicarse con el público. Casi se diría que todas sus películas están ya "vendidas" antes de estrenarse, bien sea por su argumento o por sus protagonistas. En este sentido *Leaving Las Vegas* no sólo no es una excepción, sino que incluso sirve como el mejor ejemplo de esta nota dominante en su filmografía. A priori, es su película más vendible.

Se afirma que Nicolas Cage aceptó el trabajo por un sueldo muy inferior al que tiene por costumbre cobrar. Si ha sido así, nadie puede poner en duda que el actor tiene un olfato muy especial para elegir los papeles. La película le ha proporcionado a Cage la Concha de Plata al Mejor Actor en el Festival de San Sebastián, el "Globo de Oro" y el "Oscar". Es un buen equipaje para el viaje al infierno de esa droga autorizada pero no por ello menos peligrosa y adictiva que es el alcohol.

Descubierto por Amy Heckerling en *Aquel excitante curso,* de 1982, Nicolas Coppola, sobrino de Francis, hijo del hermano mayor del realizador de *El Padrino,* decidió cambiarse el nombre artístico para evitar la presión de su apellido, pero a pesar de recibir un reproche de su ilustre tío por esa maniobra, no tuvo escrúpulos en dejar que éste le contratara con un protagonismo creciente en *La ley de la calle* (1983), *Cotton Club* (1984) y *Peggy Sue se casó* (1986). Estos créditos junto con sus incursiones en *Birdy* (1984), de Alan Parker, *Arizona Baby* (1987), de los hermanos Coen, *Hechizo de luna* (1988), de Norman Jewison, y *Corazón salvaje* (1990), de David Lynch, consiguieron situarle como una de las figuras más excéntricas del cine norteamericano más reciente, a caballo entre el "hatajo de mocosos" lanzado por su tío como relevo generacional de Hollywood en *Rebeldes* y la denominada "Generación X".

Situado por edad y filmografía en esa tierra de nadie sin catalogación concreta y por ello mismo, particularmente para un actor en la industria norteamericana del cine, Nicolas Cage ha conseguido hacer de su ajustado, conseguido y honesto papel en *Leaving Las Vegas* una especie de banderín de enganche, signo de admiración o pica en el Flandes de su futuro profesional, mucho menos claro antes que después de conseguir el "Oscar" como mejor actor por esta producción.

Cuando aceptó el trabajo en la película de Figgis acababa de intervenir en *El sabor de la muerte,* una nueva versión de *El beso mortal* en la que le tocó interpretar el papel de criminal sádico que en el original patentó Richard Widmark con su peculiar risita al tirar a una anciana inválida por una escalera. Cage afirmaba en el número de abril de la revista francesa *Première* que tuvo sólo una semana para preparar el personaje de Ben en *Leaving Las Vegas.* Además de hacer un viaje a Irlanda para ponerse a tono bebiendo cerveza en los "pubs", se dedicó a estudiar no sólo la novela en que se basa la película, sino también a su autor. El actor recuerda que para el padre de John O'Brien, la novela era una especie de carta o mensaje de despedida, uno más entre los muchos escritos del autor que Cage estudió como base para componer su personaje. "Todo lo que sé de él —declara en *Prémière*— lo he aprendido en las cartas que sus familiares me han proporcionado. Sus padres pensaban que yo me parecía a él. Es más, llevaba el mismo modelo de reloj y conducía el mismo modelo de coche, un BMW. Soy un poco supersticioso, así que todas esas coincidencias me ponían un poco nervioso. Salvo en algunas escenas particularmente emotivas, los padres de O'Brien estaban en el plató con los cascos de sonido puestos y las lágrimas corrían por sus mejillas."

Cage apunta como referencias para su composición del personaje *Días de vino y rosas, Arthur, el soltero de oro* y *Bajo el volcán.* Es un detalle anecdótico, pero el actor manifiesta un especial cariño hacia la interpretación de Albert Finney en *Bajo el volcán,* que según él le proporcionó la idea de incorporar a su personaje un sentido del humor que sirve para reforzar los aspectos dramáticos de su existencia.

Leaving Las Vegas se rodó en cuatro semanas y media con un presupuesto minúsculo para la industria norteamericana del cine, cuatro millones de dólares. Anteriormente, Figgis había calentado motores dirigiendo el telefilme *Mara,* donde adaptó un relato de Henry Miller. Convencido de que el alcoholismo es, textualmente, "algo espantoso de observar", contrató a Tony Dingman, un alcohólico experto en el tema como asesor. El primer y mejor consejo de este instructor le proporcionó a Cage la clave para su personaje: "un hombre ebrio siempre intenta tener un aspecto sobrio".

El director también ha compuesto la música, escribió el guión y aparece interpretando a uno de los matones que ejecutan al chulo de Sera. Decidió filmar la ciudad de Las Vegas en algunos momentos con 16 milímetros en lugar de 35 porque "de ese modo me sentía más libre".

FICHA TECNICA.— Título original: *Leaving Las Vegas.* Director: Mike Figgis. Guión: Mike Figgis. Montaje: John Smith. Fotografía: Declan Quinn. Diseño de producción: Waldemar Kalinowski. Música: Mike Figgis. Productor: Lila Cazes. Producción ejecutiva: Paige Simpson, Stuart Regen. Nacionalidad: Estados Unidos. Duración: 108 minutos. Color. Año: 1996.

FICHA ARTISTICA.— Nicolas Cage (Ben), Elizabeth Shue (Sera), Julian Sands (Yuri), Richard Lewis (Peter), Valeria Golino (Terri), Steven Weber (Marc Nussbaum).

MALDITA GENERACION

SINOPSIS.— Amy Blue es una atractiva joven de diecisiete años, un tanto "colgada" del "speed". Su novio, Jordan White, es un muchacho dulce, cándido y muy inocente. Una noche, al salir de una discoteca, presencian una pelea. En ella está a punto de morir un hombre, al que salvan. Así, de una manera totalmente accidental, conocen a Xavier Red, un chico que posee un atractivo irresistible, alguien que camina entre el bien y el mal y que es capaz de ejercer una influencia brutal sobre aquellos que están a su alrededor.

Los tres personajes marchan juntos cuando de repente, y casi como por casualidad, Xavier le vuela la cabeza al empleado de un "Seven Eleven". A partir de ese momento, Amy, Jordan y Xavier emprenden una huida hacia adelante, un viaje en automóvil, un viejo Torino, en el que se van a encontrar con una serie de acontecimientos que escapan de su control.

Xavier parece atraer toda clase de situaciones peligrosas. Cada vez que detienen el coche para comprar "coca-cola light" y patatas fritas, se suceden situaciones extrañas, que acaban con resultados en los que se incluyen el peligro o la violencia, y habitualmente, la muerte.

El trío avanza por la carretera, en un periplo de búsqueda de sus propias vidas, en el que se incluyen toda clase de personajes sorprendentes y algo enloquecidos, al mismo tiempo que sexo indiscriminado y varios asesinatos.

COMENTARIO.— Las "road movies" han adquirido en el transcurso de los años carta de naturaleza como género cinematográfico. A algunos quizá les parezca exagerado calificarlas como tal, pero el hecho es que por su cantidad y en algunos casos por su calidad, están inscritas como un formato especial. Y tienen mucho que ver con el cine independiente. Sólo un par de ejemplos: *Easy rider* y *Las aventuras de Priscilla, reina del desierto* por citar dos films, entre los muchos que se podrían hallar.

Maldita generación se halla, por derecho propio, enclavada en las "road-movies": carretera —como símbolo de huida, libertad o búsqueda de la identidad—, personajes protagonistas fuera de contexto social o familiar —no convencionales—, y personajes secundarios que se explican no sólo como una técnica de guión y desarrollo cinematográfico del film, sino como elementos representativos de lo que es el destino; aquellos acontecimientos que suceden en la existencia y que el hombre no controla, por lo que representan hechos a los que hacer frente desde la experiencia o, quizá más habitualmente, desde la inexperiencia.

Este largometraje de Gregg Araki —con cierto toque de comedia— posee, además, otros temas fundamentales: sexo, violencia y desesperación. Un triángulo que se suma al de los tres personajes centrales desde una perspectiva psicodélica, de pesadilla, en cuanto al fondo y la forma del film. Como claves que ofrece el realizador, los apellidos de sus protagonistas: Blue —la chica—, White, su cándido novio, y Red, el elemento detonante que posee el mal y la pasión que los une.

Para Gregg Araki ésta es su primera película de gran presupuesto y rodada en 35 mm. Este director nacido en Los Angeles y criado en Southern California, cursó estudios de cine en la Universidad de Santa Bárbara y realizó un Master en Producción Cinematográfica en la Universidad de Southern California.

Sus cuatro títulos precedentes fueron: *Three bewildered people in the night* y *The long weekend* (O'Despair) —rodadas en blanco y negro que obtuvieron premios de los críticos en los Festivales de Locarno y Los Angeles, y *The living end* (1992) —presentada en la Sección Oficial del Festival de Sundance de 1992— y *Totally F***ed Up* (1994), film que también acudió a este mismo festival dos años después.

The living end es una historia homosexual a la que también se puede encuadrar como una "road-movie". Por su parte, *Totally....* parte de la constatación del hecho de que un gran número de los jóvenes que se suicidan son de tendencias homosexuales. A partir de ahí, la trama gira sobre la investigación de las vidas de un grupo multirracial de adolescentes homosexuales, "gays" y lesbianas.

En este film de Araki, "underground" y experimental, no es difícil hallar claras reminiscencias de la "nouvelle vague" francesa, y más concretamente de Godard.

Con estas dos últimas producciones, Araki se inscribió por derecho propio como uno de los pioneros del llamado "Queer New Wave Cinema" o Nuevo Cine Gay. De hecho, *Totally F***ed*

Up fue estrenada por la distribuidora Strand, especializada en cine de temática homosexual.

Araki, guionista, director, productor y montador de sus propias películas, ha contado el mundo homosexual desde un particular y actual punto de vista. Sin embargo, *Maldita generación* se anunciaba como "la primera película heterosexual" de este realizador californiano, aunque él mismo tenía una opinión algo diferente sobre el tema: "Es mi primer film 'heterosexual', pero también es el más subversivo, provocador y desafiante. Es algo más parecido al caso de *Philadelphia* y *Compañeros inseparables* que eran películas 'gays' para gente heterosexual, pero a la inversa: *Maldita Generación* es una película heterosexual para gente 'gay'. Mientras que todas las relaciones que aparecen en pantalla son ostensiblemente heterosexuales, los espectadores 'gays' la encuentran increíblemente erótica. Y es que, ciertamente, hay mucha tensión sexual entre los dos guapísimos protagonistas masculinos".

El guión de *Maldita generación* —film que se presentó en la sección Zabaltegui —Zona Abierta— del Festival de San Sebastián 1995— se estaba concluyendo a la vez que Araki presentaba en Sundance *Vivir hasta el fin.* Aquel montón de folios que iban a ser la nueva realización de este cineasta independiente, cayeron en manos del productor ejecutivo Pascal Caucheteux que hizo que el film fuera producido por UGC, una compañía con capital francés que se ha interesado por la producción de un reducido número de películas independientes norteamericanas, como *Amateur* de Hal Hartley.

Mientras se estrenaba *Totally F***ed Up* en el Festival de Sundance de 1994, Araki estaba rodando *Maldita generación* con un presupuesto de un millón de dólares, en el área de Los Angeles. Fue filmada durante cuatro semanas y casi enteramente por las noches.

El plan de trabajo sufrió alguna que otra alteración. Hubo un pequeño percance el primer día de rodaje, ya que el material que se había llevado al laboratorio se estropeó por un fallo del revelado. A la mañana siguiente, este laboratorio cerró sus puertas, al verse seriamente afectado por el terremoto que sacudió la ciudad californiana.

Aun así, estas dificultades no amilanaron a Araki, que siguió con todas su fuerzas gracias al equipo totalmente profesional con el que contaba en esta ocasión, a diferencia de sus otras cuatro películas.

El diseño de la producción tuvo una importancia fundamental, ya que el realizador deseaba dar a todo el largometraje una estética plenamente imbricada en el alucinógeno universo de la droga. "Era emocionante —explica Araki— proponer ideas alocadas, como la habitación cuadriculada del hotel, y ver cómo se convierten en realidad. Yo era muy duro con la gente, sobre todo en la búsqueda de localizaciones. Cada sitio que me enseñaban me parecía que no era lo suficientemente original o misterioso. Quería que el mundo de la película fuera lo más surreal posible, como un mal 'viaje'". Es de señalar que algunos críticos han apreciado que Araki se ha inspirado, en lo que a estilo y estética se refiere, en *La naranja mecánica,* de Kubrick, y en *El cocinero, el ladrón, su mujer y su amante* del siempre innovador cineasta británico Peter Greenaway.

Otro de los elementos curiosos de este largometraje de Gregg Araki son los intérpretes elegidos. A los protagonistas principales, James Duval —que ya coloboró con Araki en *Totally...*—, Rose McGowan— para la que *Maldita generación* significa su primera experiencia en la pantalla grande— y Johnathon Schaech — quien trabajó a las órdenes de Franco Zeffirelli en *La novicia* y junto a Winona Ryder en *Donde reside el amor*— se unen apariciones muy sorprendentes, cameos originales, sin duda. Quizá el más llamativo sea el de Heidi Fleiss, la "madame" que levantó un formidable escándalo al descubrirse que en su casa de citas, sus "chicas" atendían a la más selecta clientela de Hollywood entre la que se encontraba algún que otro "astro" de la pantalla. En *Maldita generación,* esta mujer aparece como dependienta de una tienda de licores.

Este largometraje es la segunda entrega de la trilogía *Apocalipsis Adolescente,* que Gregg Araki comenzó con *Totally.....* La última parte del tríptico es *Nowhere,* que este director pionero del cine "gay" define como "una oscura y retorcida antítesis de *Sensación de vivir.*

Los modos de vida de los jóvenes, y más concretamente de los adolescentes, son el punto central de análisis de estos filmes que pretenden ser el reflejo de una generación nacida bajo las imágenes constantes de la televisión y cuyos ideales y metas distan mucho de estar claros. Personajes que buscan un destino y el sentido de su existencia, desde una estética cinematográfica agresiva y transgresora.

FICHA TECNICA.— Título original: *The doom generation.* Dirección: Gregg Araki. Guión: Gregg Araki. Montaje: Gregg Araki. Fotografía: Jim Fealy. Música: Jesus and Mary Chain, Nine Inch Nails, Front 242, Cocteau Twins. Productores: Andrea Sperling, Gregg Araki y Why Not Productions. Productores ejecutivos: Nicole Arbib, Pascal Caucheteux y Gregoire Sorlat. Nacionalidad: Estados Unidos. Duración: 82 minutos. 35 mm. Color. Año: 1995.

FICHA ARTISTICA.— James Duval (Jordan White), Rose McGowan (Amy Blue), Johnathon Schaech (Xavier Red), Crees Williams (Peanut), Heidi Fleiss (dependienta), Don Galloway (el del FBI), Lauren Tewes (presentadora de televisión).

Harvey **Keitel**

Tim **Roth**

Chris **Penn**

Steve **Buscemi**

Lawrence **Tierney**

y Michael **Madsen**

SELECCION OFICIAL
CANNES 1992

Reservoir
Dogs

Live Entertainment presenta
una producción de **Lawrence Bender** en colaboración con **Monte Hellman** y **Richard N. Cladstein** un film de **Quentin Tarantino**
Reservoir Dogs supervisor musical **Karyn Rachtman** vestuario **Betsy Heimann** montaje **Sally Menke**
diseño de producción **David Wasco** director de fotografía **Andrzej Sekula** coproductor **Harvey Keitel**
productores ejecutivos **Richard N. Gladstein, Ronna B. Wallace** y **Monte Hellman**
producido por **Lawrence Bender** escrito y dirigido por **Quentin Tarantino**

UNA EXCLUSIVA

RECORD VISION
VIDEO ENTERTAINMENT

DOLBY STEREO
EN SALAS SELECTAS

Cine Company s.a.
Surfilms DISTRIBUCION

RESERVOIR DOGS

SINOPSIS.— Un grupo de hombres se reúne en una cafetería durante el desayuno. Aparentemente son una pandilla de amigos, pero en realidad su siguiente paso en ese mismo día consiste en cometer un atraco de sangrientas consecuencias. El grupo se disgrega. Algunos consiguen escapar con vida, uno de ellos sale de la aventura con una herida en el estómago y otros mueren durante el asalto. La policía les estaba esperando. Tienen un chivato en el grupo y en el lugar de encuentro, un espacioso almacén, intentan descubrir la identidad del traidor, un policía infiltrado. La tensión va creciendo hasta convertirse en violencia salvaje a medida que los componentes del grupo acuden a lo que puede convertirse en una cita con su propia muerte. Todos desconfían, todos se enfrentan y discuten, todos tienen un arma...

COMENTARIO.— A estas alturas, después de los ríos de tinta vertidos en torno a esta película y su pintoresco director, Quentin Tarantino, resulta particularmente difícil decir algo nuevo, algo que no se haya dicho ya en otros estudios, críticas, reflexiones... *Reservoir Dogs* tiene sin embargo la saludable virtud de permanecer en la memoria del espectador, sin agotarse, proporcionando nuevos referentes, nuevos caminos para desmenuzar su significado y sobre todo nuevas propuestas de interpretación a favor y en contra de la forma que tiene su director de concebir el cine como un ejercicio de vampirismo o recuperación de lo ajeno.

En su estrato más obvio y superficial, está claro que *Reservoir Dogs* tiene como uno de sus referentes esenciales el *Grupo salvaje* de Sam Peckinpah, otra historia de delincuentes, atracadores crepusculares en un Oeste salvaje que se les escapa de las manos en su tránsito hacia la modernidad y el acoso tecnológico. El principio de la película de Peckinpah es el inicio de la película de Tarantino, un atraco que sale mal, un atraco que no llegamos a ver, aunque, como su creador, lo imaginamos sin dificultad como el atraco de Steve McQueen al banco de *La huida*, otro título básico de la filmografía del director de *Grupo salvaje*. Tomando estos dos referentes esenciales como pilares de su acción —curiosamente los miembros de la banda de Tarantino casi llevan el mismo atuendo de McQueen en la película de Peckinpah—, *Reservoir Dogs* transita con notable fluidez por una expresión distinta de la cinefilia, porque su artífice es un cinéfilo de videoclub, amamantado con el cine de explotación de los años setenta, sin referencias existenciales a los títulos más clásicos. Nos resulta difícil imaginar a Tarantino emocionándose y vibrando con un melodrama de Greta Garbo o con las secuencias finales de *Casablanca,* con el neorrealismo italiano o con una película de Ingmar Bergman. Su mundo, al menos por lo que ha demostrado hasta el momento en este primer largometraje, en *Pulp Fiction* y en sus guiones para *Amor a quemarropa, Asesinos natos* y *Abierto hasta el amanecer,* es otro, muy distinto y totalmente ajeno a la cinefilia convencional. Dicho de otro modo, no imaginamos a Tarantino copiando alguna escena de *La diligencia, Centauros del desierto* o cualquier otra película de John Ford, pero es fácil que le descubramos copiando, plagiando con singular descaro, elementos y referencias de un pasado inmediato del cine que casi es presente. El cine —y los tebeos, de superhéroes como *Power Man,* alias Luke Cage, *Los cuatro fantásticos* o *Estela Plateada*— que Tarantino toma como plantilla para sus historias está fechado en los años setenta y ochenta, en los cientos de películas que puede haber visto en el videoclub donde trabajaba con Roger Avary, su colega y compañero de guiones y otras aventuras cinematográficas, director de un homenaje menos pulido y exitoso al cine de consumo inmediato, *Killing Zoe.*

La capacidad de replicación de escenas, personajes y situaciones de películas que posee Tarantino ha estimulado entre sus seguidores más entusiastas el juego de identificar los referentes. Tanto es así, que por ejemplo en *Abierto hasta el amanecer,* donde Tarantino ejerce como guionista y actor, es fácil rastrear momentos concretos como el que presenta a Harvey Keitel disparando un rifle a través del agujero en el estómago que le ha hecho al vampiro Fred Williamson, emulando a uno de los personajes y una de las escenas más hilarantes de *Mal gusto,* dirigida por el neozelandés Peter Jackson en 1987. Y qué decir del enfrentamiento final con los vampiros, un nuevo intento de recuperación de la idea final de *Grupo salvaje,* o de la referencia a un lugar llamado El Rey, refugio mexicano para criminales hacia el que se dirigen los dos hermanos Gekko (Tarantino y George Clooney), y que está extraído directamente de la novela de Jim Thompson en que se basó Sam Peckinpah para *La huida.* Cito textualmente un párrafo de la novela para aclarar la referencia: "El Rey no hace más que lo que debe hacer. Su refugio criminal es, por encima de todo, un gran negocio. No te mata para hacerse con tu botín. Te valora según el dinero que tienes. Regenta un lugar de primera clase y no podría hacerlo si a ti se te fuera permitido ser miserable. Y tampoco te permite gozar de su negocio cuando se te ha terminado el dinero". En definitiva, los Gekko se dirigen al mismo lugar hacia el que se dirigían los protagonistas de *La huida,* lo que nos lleva nuevamente a Peckinpah como fuente de inspiración del director de *Reservoir Dogs,* pero cabe preguntarse a estas alturas si lo que algunos críticos han considerado como falta de imaginación o pura incompetencia creativa de Tarantino, considerado bajo ese punto de vista como un caradura tan atracador como sus personajes, no es en realidad una clara intención de moverse siempre en un terreno familiar, recreando la propia memoria, en un ejercicio de recuperación que atiende más al guiño y al juego con el espectador que a la más descarada práctica del plagio. Quizá, movido por su innegable egocentrismo, todo lo que pretende el autodidacto Tarantino, formado para el cine como espectador, lejos de las escuelas establecidas, es reproducir aquello que le gusta hasta confeccionar su propio microcosmos. A eso apunta al menos su repetición de nombres y nexos de los personajes en sus distintas películas y guiones, que expliqué más extensamente en el libro titulado *Quentin Tarantino,* escrito en colaboración con Jacinto Uceda y F. Delgado (Ediciones J.C., Madrid, 1995), y recupero aquí de forma resumida: en *Reservoir Dogs,* que Tarantino escribió después de terminar el guión de *Amor a quemarropa,* el jefe de la banda pregunta al señor Blanco (Harvey Keitel) por una antigua compañera de cama y robos, Alabama, el mismo personaje protagonista de *Amor...* También hablan de un perista especializado en colocar diamantes que responde al nombre de Marsellus Spivey, una mezcla del Marsellus Wallace de *Pulp Fiction* y el Drexl Spivey de *Amor a quemarropa.* Más tarde el señor Rubio (Michael Madsen) se llama en realidad Vic Vega, que luego será recordado en el papel de Travolta, Vincent Vega, en *Pulp Fiction.* Su oficial de libertad condicional es Seymour Scagnetti, ¿un pariente del Scagnetti que persigue a los protagonistas de *Asesinos natos?*

Esta especie de juego del ratón y el gato que Tarantino practica como si quisiera emular a Raymond Chandler y su costumbre de "canibalizar" elementos de sus propios relatos cortos para incluirlos en sus novelas, no apunta tanto a la comodidad creativa de la copia como a la intención de continuar explotando referentes en los que está el secreto de su aceptación popular entre el público: Tarantino aborda su cine como entretenimiento en primer lugar propio y luego ajeno, como Robert Rodríguez, uno de sus recientes compañeros de viaje, hace el cine que a él le gustaría ver. No hay excesivas preocupaciones creativas, porque cuando planifica una historia en realidad está jugando con los personajes, con las situaciones y con el diálogo; no hay reflexiones existenciales, no mira el profundo pozo de su alma, no le interesan las tragedias cotidianas. El mismo no toma en serio ni sus historias ni sus personajes. Sólo bromea. En Tarantino el cine es un juego divertido, y esa diversión es la que el público percibe en sus películas. Es la característica que sus seguidores agradecen, y probablemente es ese descaro creativo lo que le ha convertido en una especie de "guru" del cine norteamericano reciente, más allá de todo tipo de adscripción a la corriente creativa de los independientes y camino de convertirse en un asalariado de los grandes estudios, que esperan poder reclutarle para su causa comercial sin reparar en el otro componente esencial de Tarantino: la provocación.

La provocación no cabe, obviamente, en los planteamientos de las grandes productoras, que necesitan garantizar el mayor número posible de público de todas las edades para sus producciones, entre otras cosas con el fin de vender más paquetes de palomitas y más litros de refrescos. Sin embargo, la provocación es un elemento esencial en el cine de Tarantino. *Reservoir Dogs* es la mejor muestra de ello, no sólo por la escena de la amputación de la oreja del policía, que se ha convertido en una de las más recordadas de la película, sino sobre todo por los diálogos. En una película de corte más comercial, ajena al mundo de los independientes, es imposible imaginar diálogos como los de los dos asesinos de *Pulp Fiction,* valorando las consecuencias eróticas de un masaje de pies o la calidad de las hamburguesas europeas frente a las norteamericanas. Del mismo modo, no podemos imaginar una película industrial con diálogos como los que adornan y marcan el ritmo chispeante del prólogo de *Reservoir Dogs,* con el discurso sobre el verdadero significado de la canción de Madonna *Like a Virgin* que se adjudica el propio Tarantino, desdoblado en el papel de director, guionista y actor con el exhibicionismo que le caracteriza: "¿Sabes de qué va *Like a Virgin*. De una chica que se cuela por un tío que tiene una polla enorme. Toda la canción es una metáfora sobre las pollas grandes...". Es la primera frase del guión de la película: escuchamos a Tarantino abriendo la historia con esta afirmación mientras los títulos de crédito nos informan de la colaboración de otro independiente indispensable, Monte Hellman, en la producción.

Tarantino volvió a intentar un principio similar "con desayuno en cafetería" en *Pulp Fiction,* pero de algún modo ya no se sentía tan libre como en el momento de pensar *Reservoir Dogs;* se percibe un aire de autocensura en los diálogos, que son menos duros aunque conservan ese aire de absurdo cotidiano. En *Pulp Fiction* las espaldas de Tarantino acusan alguna extraña forma de autocontrol, como si el director hubiera empezado a pensar que tiene que vender su película, que ésta es algo más que un juego, que debe "responder" de los resultados comerciales. No afirmo que se esté bajando los pantalones, pero de algún modo empieza a desabrocharse la correa porque ha dejado de pensar sólo en la película y resulta un tanto envarado cuando piensa en los resultados de la misma. Una mayor inversión es una forma de amputar la libertad. Cualquier director de cine debe saber enfrentarse a esa situación sin perder la frescura que le caracterizó en un principio, pero ése es, sin embargo, el principal problema de muchos realizadores del cine norteamericano desde los años sesenta hasta nuestros días. Hay numerosos ejemplos, y por poner uno solo que sea suficientemente representativo, basta con pensar en el Walter Hill de *Driver, La presa, The Warriors* o *Forajidos de leyenda* y compararlo con el Walter Hill de *Danko, calor rojo* o *48 horas más.* Se trata del mismo director, probablemente con las mismas inquietudes, pero al abandonar el terreno independiente, la propia palabra lo dice, entra en el mundo de la dependencia respecto a los grandes estudios, y cae incluso en la pedantería más atroz, casi como protesta de su subconsciente, perpetrando un producto difícil de entender bajo cualquier punto de vista como es su última película, *Wild Bill.* Quentin Tarantino amenaza con seguir el mismo camino en cualquier momento, dejándose atrapar por la popularidad y el éxito para terminar siendo otro artesano algo despistado en los pasillos laberínticos de la industria. Si eso sucede, su primera película, esta *Reservoir Dogs,* quedará como su trabajo más logrado, aunque, volviendo a las acusaciones de plagio que mencionábamos en un principio, se "inspire" excesivamente en una producción del cine de Hong Kong titulada *City on Fire,* que Ringo Lang dirigió en 1989, con la que coincide en suficientes notas como para pensar en una "vampirización" de su planteamiento para adaptarla al mundo de Quentin Tarantino.

El propio director daba una idea aproximada de todo lo dicho anteriormente en una entrevista publicada en la revista francesa *Cahiers du Cinéma* en su número 457, publicado en junio de 1992: "El trabajo de escribir el guión de una película me resulta más bien desagradable. Lo difícil es el momento en que me tengo que sentar... Después, el gusto consiste en volver a leer al final del día lo que he escrito, preguntándome lo que ocurrirá después. El rodaje me gusta de manera distinta: es absolutamente agotador, una locura, histérico. Mientras que el proceso de montaje es sereno y se asemeja bastante al de escritura del guión, en más divertido. Toda película debe ser mejor que su guión. El guión no es más que un proyecto, una repetición de la película. Si *Reservoir Dogs* se ha escrito para desarrollarse prácticamente en un solo lugar es porque al principio sólo pretendía hacer una película de 5.000 dólares, en 16 milímetros y en blanco y negro...".

Reservoir Dogs consiguió el Premio del Público en el Festival de Sundance de 1992, y después de ser un éxito en el formato de vídeo consiguió abrirse paso en las salas cinematográficas, siendo prohibida en varios países, entre ellos Irlanda, por sus escenas de violencia extrema. Su afortunado recorrido comercial estimuló de algún modo la idea de que el cine independiente puede producir beneficios con poco riesgo. Además estimuló de algún modo una cierta resurrección de una forma de entender el género policial bajo una estética muy concreta, y demostró –uno de los puntos fuertes de Tarantino como creador de cine– que la música tiene una importancia mucho mayor de la que le concede el mero oportunismo comercial de confeccionar una banda sonora para vender compactos y casetes al mismo tiempo que la película. Todavía hoy, años después del estreno de la película, ésta sigue siendo punto de referencia obligado para otras producciones policiales, como *Things to do In Denver When You're Dead, Frankie the Fly* o *Underwood*.

FICHA TECNICA.– Título original: *Reservoir Dogs.* Director: Quentin Tarantino. Guión: Quentin Tarantino. Montaje: Sally Menke. Fotografía: Andrzej Sekula. Diseño de producción: David Wasco. Supervisión musical: Karyn Rachtman. Productor: Lawrence Hender, Harvey Keitel. Producción ejecutiva: Monte Hellman, Richard N. Gladstein, Ronna B. Wallace. Nacionalidad: Estados Unidos. Duración: 99 minutos. Color. Año: 1992.

FICHA ARTISTICA.– Harvey Keitel (Señor Blanco), Tim Roth (Señor Naranja), Chris Penn (Eddie el Amable), Steve Buscemi (Señor Rosa), Michael Madsen (Señor Rubio), Eddie Bunker (Señor Azul), Lawrence Tierney (Joe Cabot).

Las cosas más preciosas
son más ligeras que el aire

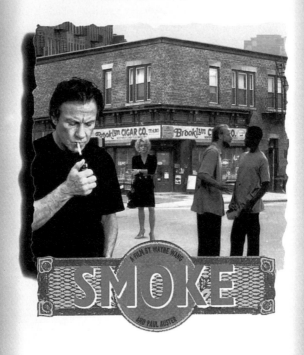

WILLIAM
HURT

HARVEY
KEITEL

SOTCKARD
CHANNING

ASHLEY
JUDD

GIANCARLO
ESPOSITO

HAROLD
PERRINEAU, JR.

FOREST
WHITAKER

UNA PELICULA DE
WAYNE WANG Y PAUL AUSTER

*Cine*MUSSY

MIRAMAX

SMOKE

SINOPSIS.— Brooklyn, 1990. Una bolsa de papel, común y corriente, tiene en su interior algo muy valioso: nada menos que cinco mil dólares. Misteriosamente, va pasando de mano en mano, de un poseedor a otro.

El encargado de un estanco tiene una peculiar costumbre: fotografía, desde hace catorce años, la fachada del establecimiento. Siempre desde la misma posición y a la misma hora del día.

Un novelista es incapaz de seguir escribiendo. Su inspiración se ha secado desde que en un fortuito y violento accidente callejero perdiera la vida su esposa.

Un adolescente de raza negra cambia su nombre y su identidad cada vez que conoce a una persona.

Un hombre intenta olvidar su pasado; no tiene más remedio que huir de él porque accidentalmente ha matado a la mujer que amaba.

Una mujer vuelve a encontrarse con su antiguo amante. Han pasado muchos años desde la última vez que se vieron. Ahora le busca para explicarle que tiene una hija y que se halla en esos momentos en serios problemas.

Todos estos personajes, que aparentemente no tienen nada en común, habitan una gran ciudad llena de paisajes solitarios. Poco a poco sus caminos se irán entremezclando por obra del destino e influirán los unos en las vidas de los otros.

COMENTARIO.— Puede definirse *Smoke* como un rompecabezas emocional. Una suerte de piezas sueltas, a manera de personajes, que no intentan sino narrar un trozo vida en un vecindario de una gran ciudad. El humor, la tristeza, el amor, la realidad y los sueños se mezclan, o mejor dicho son indisolubles, como el cigarro y el humo que se desprende de él.

Smoke parte de un cuento navideño —*Cuento de Navidad de Auggie Wren*— que Paul Auster escribió para el *New York Times* y se publicó el 25 de diciembre de 1990. Al escritor se le ocurrió la idea al abrir un paquete de Schimmelpenninks, los pequeños puros que suele fumar y acordarse del hombre que se los vende en el corazón de Brooklyn. Se dio cuenta de que a diario se ven las mismas personas, pero que en realidad no se las conoce, no se sabe quiénes son.

En la pieza literaria, Auggie, el empleado del estanco, decide devolver la cartera que se le había caído a un joven ladrón al que había echado de la tienda. La dirección de la cartera le lleva a un apartamento de Brooklyn donde vive sola una mujer negra ciega. Por alguna razón que el propio personaje no llega a comprender, Auggie termina asumiendo el papel de nieto y pasa las vacaciones junto a ella.

Wayne Wang, el director, leyó el cuento y se puso en contacto con Auster. Le pareció un buen punto de partida para hacer una película. Al principio, el escritor no estaba interesado en colaborar como guionista, pero Wang le convenció finalmente y le incorporó al proyecto. A partir de ese momento, Auster, que nunca había trabajado como guionista, puso manos a la obra y se dedicó a escribir los diálogos del film, uno de los elementos más interesantes de esta producción.

Ambos, Auster y Wang, recorrieron antes del rodaje todos los lugares en los que el escritor había imaginado que transcurría la historia: Brooklyn, el barrio en donde vive el propio Auster. Poco a poco, fueron surgiendo los demás personajes que se desarrollan en el film.

No cabe duda de que Wang es un cineasta al que le gusta romper esquemas. Con *Smoke* —rodada en la primavera de 1994— ofrece al espectador una mezcla multicultural que no sólo se desarrolla delante de la cámara; también los elementos multirraciales estaban presente en el equipo: un director chino, un guionista judío, actores negros, blancos, americanos, hispanos y caucasianos. Wang asegura que intentó hacer una película "donde diferentes culturas cohabitaran de forma natural. Nada que ver con política; trabajando en contra de estereotipos".

El lenguaje visual de la película resulta quizá muy subliminal, pero a todas luces eficaz. La mayor parte de las escenas del principio del film están rodadas con planos generales y de grupo. Posteriormente, y a medida que unos personajes se van interrelacionando con los restantes, hay planos más cortos y de personajes en solitario. En la última escena, en el restaurante, la cámara penetra hasta lo más posible, con un punto de acercamiento máximo al rostro de los actores. Hay que hacer notar que en el caso de Harvey Keitel, este tipo de tomas no hacen sino revelar al espectador la excelente capacidad interpretativa de este actor.

El título, *Smoke,* hace referencia a varios elementos. En primer lugar, al estanco, al establecimiento donde se centra la acción del film; pero también quiere ser una alegoría acerca de la existencia. El humo es algo que puede hacer las cosas invisibles al taparlas, algo así como una nube en la que se diluyen todos los objetos. Nunca está fijo, se mueve constantemente al igual que los personajes del film, que entrecruzan sus vidas. "Las cosas más preciosas son más ligeras que el aire." Esta frase, a modo de resumen del largometraje, se aleja de cualquier estereotipo y habla al espectador de toda una serie de elementos, o más bien de sensaciones y sentimientos, de valores que de alguna manera ha perdido la civilización actual. Cosas que se deben recuperar. Pero tratándose del cine independiente, se aleja esta intención de las fórmulas edulcoradas y convencionales a las que nos tiene acostumbrados el cine de Hollywood. Muchos cineastas independientes caminan por ese sendero, aunque sus películas sean tan diversas, tan ricas en las distintas miradas que ofrecen al espectador. En el caso de *Smoke,* la realidad que palpa no está enfocada desde un punto de vista simplista, a pesar de lo aparentemente sencillo de su forma. Wang quiere aportar así una manera de contemplar la existencia sin prejuzgar a los individuos. Simplemente narra lo que sucede a su alrededor en un mundo donde cada uno tiene su sitio.

Wayne Wang nació en Hong Kong en 1949 y estudió pintura y cinematografía en el College of Arts and Crafts de Oakland, California. Regresó después a Hong Kong, donde trabajó en el cine y la televisión para volver, al cabo del tiempo, a Estados Unidos, concretamente a San Francisco. Allí elabora su primera película, *Chan is missing,* en el año 1982, en la que se acerca al mundo de la inmigración oriental. Rodada en 16 mm y en blanco y negro, Wang escribió, dirigió, produjo y montó el largometraje con un presupuesto de sólo 22.000 dólares, alrededor de 3.500.000 de pesetas.

Su segundo trabajo, de 1984, es *Dim Sum,* y en él vuelve a incidir en el tema interracial al hablar de la comunidad chino-americana de San Francisco. Fue presentada a la prestigiosa Quincena de Realizadores del Festival de Cannes, al igual que *Eat a bowl of tea,* realizada en 1987, y que supone, tras *Slamdance* su cuarto trabajo.

Por su parte, *Dim Sum* fue nominada como Mejor Película Extranjera por la Academia Británica.

En 1990, Wayne —que debe este nombre al actor John Wayne— dirigió *Life is cheap... but toilet paper is expensive,* un film totalmente experimental, para seguir después su trayectoria con *El club de la buena estrella,* basada en la novela de Amy Tan.

El realizador oriental está casado con la actriz Cora Miao.

Paul Auster, el guionista y creador de la historia original de *Smoke,* está considerado como un brillante escritor. Nació en Nueva Jersey, Estados Unidos, y estudió Literatura Comparativa en la Universidad de Columbia antes de trasladarse a Francia. Vivió cuatro años en París y más tarde se instaló en la región francesa de la Provenza, donde cambió —temporalmente— su ocupación de escritor por la de granjero.

A su regreso a su país natal, se dedicó a ejercer como traductor de autores tan variados como Mallarmé, Sartre, Blanchot y Joubert. La poesía le tentó en un primer momento hasta 1982, año en el que publicó su primera obra en prosa, *La invención de la soledad,* publicada en España en 1990.

Publica después —entre 1982 y 1984— su *Trilogía de Nueva York,* compuesta por tres novelas cortas: *La ciudad de cristal, Fantasmas* y *La habitación cerrada.* Otras cinco novelas más, varios ensayos y el libro *Smoke & Blue in the face* —también publicado en nuestro país— son otras de las obras de este prolífico autor que nunca se había enfrentado al hecho de escribir un guión hasta *Smoke*.

Las reflexiones de Auster acerca de la creación del guión de una película son ciertamente curiosas: "Escribir una novela es un proceso orgánico y en su mayor parte inconsciente. Es largo, lento y agotador. Un guión es más como un 'puzzle'. Escribir las palabras no toma tanto tiempo, pero ensamblar las piezas puede ser un rompecabezas. Pero sí, lo disfruté. Me pareció un reto escribir los diálogos, pensar en términos dramáticos antes que narrativos, hacer algo que nunca había hecho antes. Cuando veía, cada tarde, las tomas diarias, me resultaron muy instructivas para enseñarme a superar la decepción. Cada vez que un actor saltaba una frase o se apartaba del guión, era como si me clavaran un cuchillo en el corazón. Pero eso es lo que ocurre cuando uno trabaja con otra gente, es algo con lo que hay que aprender a vivir. Me refiero a las pequeñas variaciones con respecto a lo que había escrito, cosas que probablemente sólo yo podía notar. El caso es que se trabaja mucho para que las palabras suenen de determinado modo y es doloroso ver que salen de otra manera".

Smoke obtuvo tres galardones en el Festival de Cine de Berlín: el Premio Especial del Jurado, el Premio del Público y el Premio Internacional de la Crítica. También consiguió el Premio del Público en el Festival de Cine de Locarno.

FICHA TECNICA.— Título original: *Smoke.* Dirección: Wayne Wang. Guión: Paul Auster. Montaje: Maysie Hoy. Fotografía: Adam Holender. Música: Rachel Portman. Productores: G. Johnson, P. Newman, K. Horikhosi, H. Kuroiwa. Producción ejecutiva: Bob Weinstein, Harvey Weinstein y Satoru Iseki. Nacionalidad: Estados Unidos (con NDF/Euro Space Productions). Duración: 105 minutos. Color. 35 mm. Año: 1994.

FICHA ARTISTICA.— Harvey Keitel (Auggie Wren), William Hurt (Paul Benjamin), Stockard Channing (Ruby McNutt), Harold Perrineau Jr. (Rashid Cole), Forest Whitaker (Cyrus Cole), Victor Argo (Vinnie), Giancarlo Esposito (Tommy).

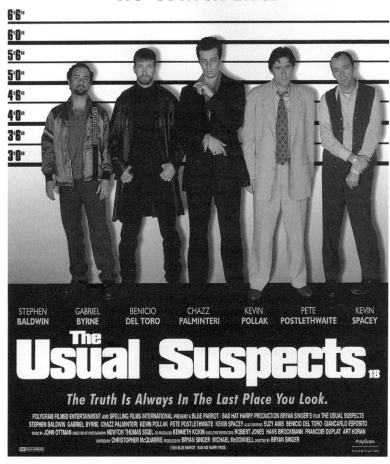

FIVE CRIMINALS . ONE LINE UP
NO COINCIDENCE

STEPHEN BALDWIN · GABRIEL BYRNE · BENICIO DEL TORO · CHAZZ PALMINTERI · KEVIN POLLAK · PETE POSTLETHWAITE · KEVIN SPACEY

The **Usual Suspects** 18

The Truth Is Always In The Last Place You Look.

POLYGRAM FILMED ENTERTAINMENT AND SPELLING FILMS INTERNATIONAL PRESENT A BLUE PARROT / BAD HAT HARRY PRODUCTION BRYAN SINGER'S FILM THE USUAL SUSPECTS
STEPHEN BALDWIN GABRIEL BYRNE CHAZZ PALMINTERI KEVIN POLLAK PETE POSTLETHWAITE KEVIN SPACEY ALSO STARRING SUZY AMIS BENICIO DEL TORO GIANCARLO ESPOSITO
MUSIC BY JOHN OTTMAN DIRECTOR OF PHOTOGRAPHY NEWTON THOMAS SIGEL CO-PRODUCER KENNETH KOKIN EXECUTIVE PRODUCERS ROBERT JONES HANS BROCKMANN FRANCOIS DUPLAT ART HORAN
WRITTEN BY CHRISTOPHER McQUARRIE PRODUCED BY BRYAN SINGER MICHAEL McDONNELL DIRECTED BY BRYAN SINGER
©1995 BLUE PARROT / BAD HAT HARRY PROD.   PolyGram

SOSPECHOSOS HABITUALES

SINOPSIS.– David Kujan (Chazz Palminteri), agente especial del Servicio de Aduanas de Estados Unidos investiga las consecuencias de un incendio a bordo de un barco en el puerto de San Pedro, en Los Angeles. Hay 27 cadáveres como resultado del suceso y todos ellos han sido asesinados en lo que parece una carnicería que implica a Dean Keaton (Gabriel Byrne), un ex-policía pasado a la delincuencia que se ha convertido en el objetivo de Kujan. El problema es que aunque todas las pistas del caso apuntan a Keaton, éste parece haberse reformado y lleva una vida tranquila dedicándose a la hostelería en compañía de su novia, la abogada que le defendió (Suzy Amis). Sólo el testimonio de Kint (Kevin Spacey) un estafador lisiado que actúa como soplón de Kujan, vincula a Keaton con el asalto al barco, retrocediendo en el tiempo hasta el momento en que se formó la banda que se supone ha cometido el crimen. Los hombres fueron detenidos por un crimen que no habían cometido en una rueda de identificación y decidieron dar un golpe importante...

COMENTARIO.– *Sospechosos habituales* es con seguridad uno de los largometrajes de suspense más elaborados producidos por el cine norteamericano de los últimos diez años, y también una especie de caja de Pandora donde nada ni nadie es lo que parece y el público queda realmente sorprendido con un desenlace que por supuesto no vamos a desvelar aquí. Concebida dentro de un respeto casi escrupuloso a los mecanismos del cine negro, la película tiene uno de sus mejores aliados en una acertada elección del reparto. Los actores construyen la historia tanto como el guionista. No hay fisuras en el grupo criminal que protagoniza la historia, como de hecho no puede haber fisuras en una historia que trabaja como suspense en curva creciente de tensión, con el interrogatorio como pieza básica de la trama y mecanismos de cine tan clásicos como el "flashback" para ordenar el elaborado rompecabezas del argumento. Si algo destaca en *Sospechosos habituales* es el trabajo de confección de la trama casi como un mecanismo de relojería, un laberinto dramático dirigido con descarado maquiavelismo de titiritero por un realizador, Bryan Singer, que había conocido anteriormente el éxito con su primer largometraje, *Public Access,* galardonada con el Gran Premio del Jurado en el Festival de Sundance de 1993.

Singer empezó a contar historias sirviéndose de la imagen en su adolescencia, en formato de 8 milímetros y utilizando cámaras de amigos. Esa afición por el cine se convirtió en un posible futuro profesional cuando ingresó en la Escuela de Artes Visuales de Nueva York, graduándose más tarde en la Universidad de California. Después de dirigir una película industrial, Singer se ganó la posibilidad de realizar un mediometraje, *Lion's Den,* crónica de la vida de cinco amigos que se reúnen seis meses después de su graduación con la intención de descubrir qué ha pasado con sus vidas. Es en ese trabajo donde puede encontrarse el embrión del esquema narrativo esencial aplicado en *Sospechosos habituales,* y además, producido con 15.000 dólares, se convirtió en el pasaporte de Singer para realizar su primer largometraje.

El primer detalle que surgió tras el estreno de la película de Singer fueron la comparaciones con *Reservoir Dogs,* que el propio director rechaza cuando afirma: "El cine policíaco vive a mediados de los noventa una recuperación similar a la experimentada por el 'western' a principios de esta misma década; este tipo de género siempre ha estado ahí y, cuando una película tiene mucho éxito, inspira una nueva conciencia del género. Pero no se trata de que la gente haga sólo lo que se pone de moda: en una comunidad, los artistas se motivan unos a otros. De todas formas, *Sospechosos habituales* no tiene nada que ver con *Reservoir Dogs,* ni siquiera de lejos".

Ciertamente, la película de Singer sólo guarda con la de Tarantino un parentesco superficial. *Sospechosos habituales* es sobre todo un juego con el espectador a través de los recursos del medio cinematográfico, mientras que *Reservoir Dogs* es más bien un juego con el medio mismo, con sus códigos y sus herramientas. El juego que Singer practica con el público se explica con el término "percepción": "Como un montón de películas que me gustan, *Sospechosos habituales* trata en parte de la idea de la percepción, la idea de que las cosas no son siempre lo que parecen ser y del hecho de que los comportamientos de las personas no son siempre obvios. La película comienza como un problema típico; luego se vuelve inusual. Se le hace una pregunta al espectador, y el fin de la película es descubrir si hay una respuesta fundamental a esa pregunta. He querido tomar el género negro y retorcerlo un poco. Cada personaje tiene una pieza del rompecabezas; cada uno cree saber algo, pero realmente nadie sabe nada. El interrogatorio es el espejo del tema central del film, el punto de vista de la percepción, la diferencia entre lo que se cree saber y la realidad. El público va descubriendo poco a poco la verdad".

En realidad, al seguir ese esquema, Singer está acudiendo a fuentes tan clásicas y variadas del fenómeno cinematográfico como *Rashomon,* de Akira Kurosawa, o *Ciudadano Kane* de Orson Welles. Cada personaje recuerda una parte de la historia que poco a poco va completando la percepción del público hasta desvelar la verdadera naturaleza del enigma y su clave final. ¿Será que en el fondo, los independientes norteamericanos no quieren revolucionar el cine clásico sino acabar con el cine más cómodo y convencional insuflándole nueva vida al primero a través de un punto de vista más renovador y precisamente por ello menos adocenado y estéril que el de las producciones de los grandes estudios? De algún modo, *Sospechosos habituales* tiene ese aire de "vacuna" contra lo previsible en un género que a la vista de los resultados obtenidos por Singer no está agotado. Quienes realmente están agotados son con alarmante frecuencia sus creadores.

FICHA TECNICA.— Título original: *The Usual Suspects.* Director: Bryan Singer. Guión: Christopher McQuarrie. Montaje: John Ottman. Fotografía: Newton Thomas Sigel. Música: John Ottman. Productor: Bryan Singer, Michael McDonnell. Producción ejecutiva: Robert Jones, Hans Brockman, François Duplat, Art Horan. Nacionalidad: Estados Unidos. Duración: 108 minutos. Color. Año: 1995

FICHA ARTISTICA.— Chazz Palminteri (David Kujan), Gabriel Byrne (Dean Keaton), Kevin Spacey (Roger "Verbal" Kint), Kevin Pollak (Tod Hockney), Benicio Del Toro (Fred Fenster), Stephen Baldwin (Stephen McManus).

UNE COMÉDIE NEW-YORKAISE

ÇA TOURNE
À MANHATTAN

JBV Productions et les productions LEMON SKY présentent un film de TOM DICILLO « Ça tourne à Manhattan »

STEVE BUSCEMI · CATHERINE KEENER · DERMOT MULRONEY · DANIELLE VON ZERNECK · JAMES LE GROS · Casting MARCIA SHULMAN · Producteurs exécutifs FRANK VON ZERNECK · ROBERT SERTNER

Co-producteur MEREDITH ZAMSKY · Costumes ELLEN LUTTER · Musique JIM FARMER · Montage THÉRÈSE DEPREZ · Editeur CAMILLA TONIOLO · Directeur de la photographie FRANK PRINZI

Producteur exécutif HILLARY GILFORD · Produit par MICHAEL GRIFFITHS et MARCUS VISCIDI · Ecrit et réalisé par TOM DICILLO

VIVIR RODANDO

SINOPSIS.— Un día cualquiera en la vida de ese pequeño mundo siempre enloquecido que es un rodaje. Nick Reeve (Steve Buscemi) está convencido de que cualquier cosa puede salir mal, como en la Ley de Murphy, y no se equivoca. A veces todo parece estar en contra del director de la película, incluso su propio equipo humano, que estropea y rompe todas las previsiones mientras intenta ayudarle. El operador de cámara, la actriz y el actor principal, el foquista y la ayudante de dirección pueden ser al mismo tiempo aliados y enemigos de la cordura que el director intenta mantener mientras pone a punto su idea de un largometraje sobre varios intentos de seducción, neurosis, ataques de nervios, dos explosiones y otros sucesos dignos de figurar en un libro de récords de mala suerte y sucesos adversos.

COMENTARIO.— Definida como: "Una comedia de soñadores y sueños que se intentan hacer realidad con un tono a medio camino entre Kafka y los hermanos Marx", la película de Tom Di Cillo puede no ser quizá una de las más destacadas comedias del año, pero sobresale dentro del cine independiente norteamericano más reciente por su trabajo de recreación de lo que sucede al otro lado de las cámaras cuando un rodaje se convierte en feria de vanidades. Sin pretender en modo alguno un tono documental, la película hace un divertido y ameno recorrido por los ataques de egocentrismo, las manías, los usos y abusos excéntricos y otras características que definen la parte menos presentable y también la más divertida del paisaje humano que se da cita en un rodaje.

Si en *El factor sorpresa* se abordaba el mecanismo del cine como estructura de poder, en *Vivir rodando* se retrata el cine como fábrica de sueños. La industria, en el primer caso, y el proceso creativo del rodaje en el segundo, comparten una misma característica: la posibilidad de universalizar su relato, sus hechos y sus consecuencias, así como también su sátira, a cualquier otro aspecto de la sociedad. Esta característica universalizadora del asunto que se trata es también una de las notas comunes en las producciones del cine independiente norteamericano de los noventa, que al contrario de las producciones industriales promocionadas a bombo y platillo por los grandes estudios, no trata de vender una imagen plagada de tópicos, antes al contrario, maneja los tópicos para llegar a conclusiones más críticas y precisamente por ello más válidas. Dicho con otras palabras, podría afirmarse que en el cine independiente creado en Estados Unidos se fabula pensando, en lugar de pensar fabulando.

Galardonada con el premio al mejor director novel en el Festival de Valladolid de 1995, con el premio al mejor guión en el Festival de Sundance y como mejor película y premio del público en el Festival de Deauville del mismo año, *Vivir rodando* es un ejercicio menos mitomaníaco y con los pies más cercanos al suelo por la vía del humor de los que nos tiene acostumbrados el cine hecho al otro lado del Atlántico cuando se contempla a sí mismo. Ello se debe sin duda al punto de partida creativo elegido por el guionista y director, que eligió la subversión como móvil esencial de su creación. "Lo que más me gustaba era la sensación de que estaba violando las reglas —apunta Tom Di Cillo—. Recuerdo que el primer día de rodaje, en un primer plano de Catherine, el micrófono tenía que verse en el encuadre, pero el perchista no podía hacerlo. Lo movía cuidadosamente, con miedo. De pronto se lo quité de las manos y lo metí de lleno en la toma. Lo curioso es que nosotros los directores hacemos justo lo contrario, siempre tratamos que parezca que lo que se ve en la pantalla es todo lo que hay."

Esa intención de conseguir una sucesión de errores técnicos incluidos en el guión, donde todo el mundo tiende a equivocarse, desde los actores hasta los técnicos, tiene algo de exorcismo contra el orden y el control con frecuencia forzado que impera en los rodajes convencionales. Bajo ese punto de vista, *Vivir rodando* es una especie de válvula de escape, una visión con vocación de huida hacia adelante, reflexión festiva en apoyo del caos como fuerza creativa frente al orden y el control más convencional. Naturalmente Di Cillo no pretendía fabricar un manual de "cómo dirigir una película", pero está claro que sí deseaba introducir lo imprevisible como herramienta posible en el rodaje. "Cualquier director del séptimo arte o cualquier persona de la industria del cine ha debido de sentir en alguna ocasión que a veces el proceso es lo más contrario al arte: es la cosa más tediosa, aburrida y horrorosa que le puede pasar a un ser humano", reflexiona Di Cillo, adornando su película con una carga crítica que merece la pena tener en cuenta considerando la presión que el aspecto industrial ha ido ejerciendo sobre los aspectos creativos del cine, sobre todo en una cinematografía como la norteamericana de los últimos tiempos, donde los balances, los ingresos de taquilla y la valoración de las posibilidades de comercialización en mercados paralelos de los elementos de la película inundan la mesa de los nuevos ejecutivos de los grandes estudios, situados cada vez más lejos de los productores 'creativos' de la época dorada de Hollywood. Hoy la economía le ha ganado el pulso al arte e incluso al mero entretenimiento en las oficinas de los nuevos magnates del cine estadounidense, y el rosario de contratiempos descritos en *Vivir rodando* es probablemente la peor pesadilla de un ejecutivo dedicado a la fabricación y explotación cinematográfica.

El anecdotario de la génesis de *Vivir rodando* menciona una conversación de Tom Di Cillo con un amigo entusiasta en exceso respecto a la creación cinematográfica como detonante de la idea de realizar una película sobre el caos en un rodaje. El director confiesa: "He estado en numerosos rodajes y he visto toda la locura y el caos reinante en contraposición al mundo ficticio y falso que aparece en la pantalla. Y casi siempre me ha parecido que ese ambiente de locura era mucho más interesante".

Tomando esa idea como punto de partida, Di Cillo rodó un mediometraje de 30 minutos titulado *Vivir rodando*, con Catherine Keener como protagonista. Casi no tenía presupuesto, de forma que los integrantes del equipo no sólo se avinieron a quedarse sin sueldo, sino que en un alarde de generosidad tan frecuente como indispensable dentro de los cauces de creación del cine independiente, aportaron parte de su dinero para rodar la película en cinco días.

"Aquellos cinco días en aquel pequeño estudio fueron increíbles —recuerda Tom Di Cillo—. Tanto los actores como los técnicos estaban permanentemente allí. Rodábamos sin parar. Y ya el segundo y el tercer día empezamos a sentir que algo estaba pasando. Ahí fue cuando me planteé que la única manera de que la gente pudiera ver aquello, la verdadera magia del rodaje en equipo, era rodándolo en una película."

De ese modo el corto de media hora fue alargado con una segunda y una tercera parte en la que se añadieron nuevas situaciones y personajes para profundizar en la idea de casualidad sobre la causalidad que como puede comprobarse siguiendo esta génesis imprevista preside no sólo lo que sucede "dentro" de la película, sino también lo que sucede "fuera" de la película, en desarrollo del proyecto real de la misma.

Ese juego de confusión entre la realidad y la ficción, lejos de la lobotomía colectiva del pretendido (y en el fondo siempre inexistente y quimérico "cine interactivo"), consigue unos resultados de implicación del público con lo que sucede en la pantalla que para sí quisieran producciones de mayor envergadura. La película de Di Cillo, salvando todas las distancias, recupera la magia de identificación del público con los sucesos y los personajes de la historia que nos recuerda el cine de grupos de Howard Hawks, donde el espectador llegaba a considerarse uno más "dentro" de la gente de la película, disfrutando una de las características verdaderamente mágicas el cine, hoy, me temo, lamentable e inevitablemente perdida en la mayoría de los casos, quizá porque se practica más la "vivisección" de lo que sucede en la pantalla que el disfrute de la película.

Siguiendo con el paralelismo que puede establecerse como juego entre la visión del cine de Robert Altman en *El juego de Hollywood,* marcada por el sarcasmo y el cinismo y también por un cierto aire de fatalismo del veterano director frente a los mecanismos de corrupción de Hollywood, y la visión del cine de George Huang, hombre procedente de la producción que impregna *El factor sorpresa* de un aire crítico y pesimista, el creador habituado a participar en rodajes que es Di Cillo convierte su película en una fábula alegre. Es evidente que el pasado y las distintas experiencias de estos tres directores asentados en el mundo del cine independiente norteamericano pueden verse como distintas facetas de una visión calidoscópica sobre el fenómeno del cine que retrata el cine.

Graduado en cine en Nueva York en 1979, Di Cillo recupera la "magia" de la "participación" del público con la familia de su rodaje, después de haber trabajado como director de fotografía en ocho largometrajes, entre ellos *Permanent Vacation* y *Extraños en el paraíso,* de Jim Jarmusch, y haber rodado seis cortometrajes junto con varios documentales, vídeos musicales y el largometraje *Johnny Suede,* subvencionado por el Sundance Institute.

FICHA TECNICA.— Título original: *Living in Oblivion.* Director: Tom Di Cillo. Guión: Tom Di Cillo. Montaje: Camilla Toniolo, Dana Congdon. Fotografía: Frank Prinzi. Diseño de producción: Thérèse Deprez, Stephanie Carroll. Música: Jim Farmer. Productor: Michael Griffiths, Marcus Viscidi. Producción ejecutiva: Hilary Gilford. Nacionalidad: Estados Unidos. Duración: 91 minutos. Color. Año: 1994.

FICHA ARTISTICA.— Steve Buscemi (Nick Reeve), Catherine Keener (Nicole), Dermot Mulroney (Wolf), Danielle Von Zerneck (Wanda), James Legros (Chad Palomino), Laurel Thornby (madre de Nick).

GUIA DE ACTORES Y DIRECTORES

A

ADLON, PERCY

Guionista, director y productor, nació en Múnich (Alemania) en junio de 1935 y estudió en la Universidad de esa misma ciudad germana.

Su actividad artística comenzó a desarrollarse en el teatro clásico, aunque poco después se pasó al medio radiofónico donde trabajó en programas de corte literario.

En 1970 llega a la televisión, donde comienza a rodar cortometrajes y documentales hasta 1978, cuando realiza su primera película para la televisión, *The guardian and his poet,* sobre el poeta suizo Robert Walser.

Otro autor literario, Marcel Proust, es el tema central de su primer largometraje para el cine, *Celeste,* rodado en 1981. Pero fue *Sugarbaby,* en 1985, la película que le lanzó internacionalmente. Aquí aparecía ya una de las musas de este director, la actriz también alemana Marianne Sägebrecht, que seguiría con él en su siguiente película, *Bagdad Cafe* (1988) y también en *Rosalie va de compras (Rosalie goes shopping)* (1989). Esta rubia y oronda intérprete ha sido el hilo conductor de estas tres realizaciones de Adlon en las que, con un especial sentido del humor, se repasa críticamente la sociedad contemporánea. Así, en *Sugarbaby,* el mito de la belleza establecida por el sistema —las mujeres deben ser altas, delgadas, perfectas— es derribado por una fémina llena de sentimientos; en *Bagdad Cafe,* las diferencias entre las distintas culturas, lenguas y países caen ante la comunicación establecida en otros niveles. Finalmente, *Rosalie...* tarjeta de crédito en ristre, no conoce las fronteras del consumismo a la que le aboca la propia sociedad. En este último film Marianne Sägebrecht compartía protagonismo con el desaparecido Brad Davis.

ANGER, KENNETH

Uno de los nombres más significativos del cine "underground" norteamericano, conocido como el New American Cinema. Este cineasta independiente es muy conocido en nuestro país por una obra no cinematográfica, sino literaria, o mejor dicho, biográfica: *Hollywood Babilonia* es el título del libro de Anger, un director de una marcada tendencia homosexual en su obra cinematográfica.

Nacido en Santa Mónica, California, en 1932, tuvo una infancia muy especial que le influyó de manera indeleble. Su abuela era una excelente conocedora del ocultismo que le imbuyó del mundo esotérico y de todo lo relacionado con él. Pero también trabajaba en el departamento de vestuario de un estudio de Hollywood y conocía a la perfección la "trastienda" de las estrellas más rutilantes de la época dorada del "star system", que contaba a su nieto, Kenneth, el futuro cineasta y escritor.

Anger se introdujo en el mundo del celuloide desde muy corta edad y antes de cumplir diez años ya había trabajado delante de las cámaras y en los platós. Ya en 1935 interpretó a un principito en *El sueño de una noche de verano,* film de William Dieterle y Max Reinhardt, que tuvo como protagonistas a James Cagney y Dick Powell.

En 1947 dirige y protagoniza su primer trabajo importante, *Fireworks,* una obra encuadrada completamente en el cine "underground" sobre la iniciación homosexual de un adolescente.

Se traslada más tarde a Europa, donde rueda *Eaux d'artificie* en 1953. En Francia intenta rodar un ambicioso proyecto, *Historia de O,* y, aunque no pudo terminarlo, existen veinte minutos rodados que pueden ser contemplados en la Cinemateca Francesa.

Más tarde realiza una obra con claras influencias mitológicas y ocultistas, *Inauguration of the pleasure dome.*

En 1963 rueda *Scorpio rising,* su película más conocida, un mediometraje mítico del cine "underground", donde la iconografía nazi y los fetiches "gays", componen una narración extraordinariamente llamativa.

Invocation of my demon brother (1969) es su siguiente obra. En ella aparece Mick Jagger. Más tarde, ya en la década de los ochenta, crea *Lucifer rising,* una búsqueda intensa sobre el tema del ocultismo, que tan cercano le resultaba a Anger, seguidor de las teorías de uno de los ocultistas más famosos: Alister Crowley. Este largometraje fue rodado en Egipto, Alemania y Gran Bretaña.

Hace ya algún tiempo que Anger se hallaba preparando un film basado en su libro, *Hollywood Babylonia,* cuya primera parte se editó en Francia en 1958. *Hollywood Babylonia II* llegó a las librerías en 1984. Al año siguiente apareció la primera edición en España.

ARAKI, GREGG

Cineasta independiente, nacido en Los Angeles, representante del "Queer cinema". (Ver *Maldita generación*).

ALTMAN, ROBERT

Nacido en Kansas City (Estados Unidos), en 1925, Robert Altman cursó estudios de ingeniería en la Universidad de Missouri.

Su trabajo en el mundo del arte comenzó con la Calvin Company, una compañía de su ciudad natal.

Su primer film se tituló *The delinquents* y el segundo fue un docudrama con apuntes de la cultura pop que aún no se había impuesto: *The James Dean Story* (1957). Desde esta época a 1965, Altman se incorporó al mundo televisivo y desarrolló su trabajo en series como *Bonanza* o *La hora de Alfred Hitchcock.*

Su primera película importante fue, sin ninguna duda, *MASH,* una excelente crítica del sistema militar y de la guerra de Corea, dentro de un humor no habitual en el cine norteamericano. El film ganó la Palma de Oro del Festival de Cannes y Altman estuvo nominado a la Mejor Dirección en los "Oscars" del año 1970.

Este realizador norteamericano formó su propia productora, la Lion's Gate, y desde luego no cabe duda que ha sido un hombre controvertido y poco "ajustado" al modelo norteamericano tradicional de hacer cine y de observar la realidad. Aunque la crítica siempre le ha aplaudido, lo cierto es que las taquillas no han respondido bien en ocasiones a la inteligencia y la ironía de Altman.

Nashville (1975) fue otro de sus éxitos y estuvo nominada a la Mejor Película en los "Oscars" de 1975 y Altman al Mejor Director. Los críticos consideran esta obra una de las mejores películas de la década de los setenta.

Sexo. Codicia. Traición.
Algunas cosas nunca pasan de moda.

En el desfile de modelos más famoso del mundo se ha cometido
un asesinato y ahora todos son sospechosos.
Si tienes algo que ocultar, ponte algo con que taparlo.

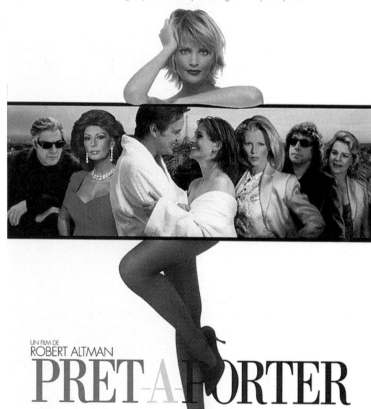

UN FILM DE
ROBERT ALTMAN

PRET-A-PORTER

SOPHIA LOREN MARCELLO MASTROIANNI JULIA ROBERTS   TIM ROBBINS KIM BASINGER STEPHEN REA

LAUREN BACALL ANOUK AIMEE LILI TAILOR SALLY KELLERMAN   TRACEY ULLMAN LINDA HUNT RUPERT EVERETT

FOREST WHITAKER RICHARD E. GRANT DANNY AIELLO TERI GARR LYLE LOVETT JEAN ROCHEFORT MICHEL BLANC ROSSY DE PALMA

MIRAMAXINTERNATIONAL PRESENTA UNA PELICULA DE ROBERT ALTMAN ANOUK AIMEE MARCELLO MASTROIANNI SOPHIA LOREN KIM BASINGER STEPHEN REA LAUREN BACALL JULIA ROBERTS
TIM ROBBINS LILI TAILOR SALLY KELLERMAN TRACEY ULLMAN LINDA HUNT RUPERT EVERETT FOREST WHITAKER RICHARD E.GRANT DANNY AIELLO TERI GARR LYLE LOVET
JEAN ROCHEFORT MICHEL BLANC JEAN-PIERRE CASSEL UTE LEMPER ANNE CANOVAS FRANÇOIS CLUZET PRET-A-PORTER MUSICA COMPUESTA POR MICHEL LEGRAND
DISEÑO DE PRODUCCION STEPHEN ALTMAN EDITADA POR GERALDINE PERONI DIRECTORES DE FOTOGRAFIA PIERRE MINGOT JEAN LEPINE PRODUCTORES EJECUTIVOS BOB WEINSTEIN HARVEY WEINSTEIN IAN JESSEL
CO-PRODUCTORES SCOTT BUSHNELL JON KILIK ESCRITA POR ROBERT ALTMAN & BARBARA SHULGASSER PRODUCIDA Y DIRIGIDA POR ROBERT ALMAN

MIRAMAX

DOLBY STEREO

BANDA SONORA ORIGINAL EN CBS / SONY

TRI PICTURES

Su primera película como productor fue *Welcome to L.A.,* dirigida por Alan Rudolph, uno de los "protegidos" de Altman. De la mano de este director, y por su interpretación en "Tres mujeres" (*Three woman*), Shelley Duval obtuvo en Cannes 1977 el premio a la Mejor Actriz.

Un día de boda (A wedding) —una estupenda e irónica recreación de las tradiciones matrimoniales norteamericanas— y *Quintet* fueron las siguientes realizaciones del director de Kansas City, que con *Popeye* cerró su productora para volver al mundo del teatro durante una temporada. *Streamers* (1983) volvió a darle el triunfo en el Festival de Venecia.

La más reciente, *El juego de Hollywood (The Player),* le otorgó la nominación a la Mejor Dirección en los "Oscars 1992", aunque se lo arrebató Clint Eastwood por *Sin perdón.*

En ella se analiza el mundo de la Meca del Cine en un film que resulta a la vez un "thriller", una comedia de costumbres, y un homenaje al celuloide. Tim Robbins encabezaba un reparto en el que aparecían personajes como Sidney Pollack, Julia Roberts o Bruce Willis interpretándose a sí mismos o en singulares cameos, dentro de un excelente guión que funcionaba como un mecanismo de relojería.

Vidas Cruzadas (Short cut"), es otra de las obras recientes de Altman, en la que, basándose en las narraciones cortas de Raymond Carver, integra toda una serie de elementos representativos de la sociedad americana, con el denominador común de unos personajes a los que el destino lleva por muy distintos vericuetos. El montaje y la galería de intérpretes hacen de este film una obra muy a tener en cuenta.

Otro de sus filmes más recientes es *Prêt à porter,* una sátira sobre el mundo de la alta costura que, a pesar de ser divertida, no alcanzaba la calidad de *The Player.* Además, los propios modistas franceses se sintieron muy ofendidos por la visión de Altman y algunos, como la casa Chanel, se negaron a facilitarle ninguna ayuda o información para la elaboración de la película, en la que contó con la intervención de Sofía Loren y Marcello Mastroianni, que rememoraron una escena de *Ayer, hoy y mañana* de Vittorio de Sica.

Altman presentó, a sus 71 años, en el Festival de Cannes 1996 su último —hasta la fecha— trabajo: *Kansas City.*

AVARY, ROGER

Cineasta independiente que comenzó sus pasos en el celuloide de la mano de Quentin Tarantino. Trabajaba junto a este director en el famoso videoclub, escenario de las primeras ideas y guiones que Tarantino creó. Quizá su trabajo más representativo sea el guión que catapultó a la fama a ambos: *Pulp fiction*.

B

BILLINGSLY, BETH y BILLINGSLY, SCOTT

Beth y Scott Billingsly, conocidos como Beth B. y Scott B. son un matrimonio de cineastas encuadrados en el cine "underground" neoyorquino de las décadas de los setenta y ochenta. Su título más conocido es *Vortex*. Tras realizar esta obra, sus caminos profesionales se separaron.

BENDER, LAWRENCE

Se puede considerar a Bender como uno de los más importantes productores de cine independiente de los años noventa. Comenzó a estudiar ingeniería civil en la Universidad de Maine, pero muy pronto se inclinó hacia las actividades artísticas y comenzó a tomar clases de baile, formando parte de la compañía de ballet Ralph Robertson, que viajó por diversas partes de Estados Unidos.

Más tarde, e incluso después de obtener su título de ingeniero, Bender se trasladó a Nueva York para continuar con su carrera como bailarín. En la ciudad de los rascacielos, obtuvo una beca en la escuela de danza de Louis Falco, el coreógrafo del film *Fama*. Pero una lesión le apartó del mundo del baile y le llevó a la interpretación. Sandra Seacat fue la profesora de Arte Dramático de Bender, la misma que había enseñado el arte de Talía a Jessica Lange, Mickey Rourke y Christopher Reeve, entre otros.

Tras interpretar numerosos papeles en producciones de cine independiente y en teatro —como *El sueño de una noche de verano* junto a Ellen Burstyn y Christopher Walken en Filadelfia—, Bender llegó al American Film Institute donde dio otro giro a su carrera probando detrás de la cámara como productor. *Intruder* (1989), dirigida por Scott Spiegel e interpretada por Sam Raimi fue su primera producción.

Fue precisamente Spiegel quien le presentó a Quentin Tarantino y de este contacto surgió *Reservoir Dogs.* Bender produjo después, junto al propio Tarantino, *Killing Zoe* de Roger Avary y *Fresh* de Boaz Yakin.

Pero la película que consagró a Bender como uno de los productores independientes más importantes fue, en 1993, *Pulp fiction,* con la que Tarantino consiguió siete nominaciones en los "Oscars" del año 1994 y obtuvo el "Oscar" al Mejor Guión Original, además de ganar la Palma de Oro en el Festival de Cannes de 1994.

Su siguiente producción fue *Four Rooms,* con Tarantino como productor ejecutivo y *Abierto hasta el amanecer,* dirigida por Robert Rodríguez.

Bender y Tarantino forman un tándem esencial en el cine independiente. Tras los éxitos obtenidos juntos en su productora, A Band Apart, crearon dos divisiones de ésta: A Band Apart Commercials —en asociación con el codirector de la productora Miramax, Harvey Weinstein— y Rolling Thunder Productions, otra compañía independiente, también ligada a Miramax, que se dedica a la adquisición y distribución de producciones independientes, tanto de Estados Unidos como de otros países. Por su parte, Miramax ha establecido que el 25 % de los beneficios de esta última compañía se reservarán para la defensa de las posibles alteraciones de la obra cinematográfica.

BORDEN, LIZZIE

Una de las mujeres que se convirtieron en cineastas independientes y defendieron posturas políticas e intelectuales a través de su cine. Borden, de marcada tendencia feminista, rodó su primer largo importante, *Born in flames* en 1982 con sólo 30.000 dólares. *Working girls* (1986) fue una película emblemática por su análisis de la postura de la mujer en la sociedad contemporánea. En ella, Borden trabajó como directora, productora, guionista y montadora. Sin embargo, y tras trabajar como actriz en *Mankillers,* dirigió y también produjo *Love crimes,* con Sean Young, un film que la crítica tachó de convencional y comercial.

C

CASSAVETES, JOHN

Nueva York fue la ciudad de nacimiento de este polifácético hombre del cine que murió a los 61 años en Los Angeles.

En los primeros tiempos de su actividad artística, Cassavetes se dedicó a trabajar como actor para películas de corte comercial y popular y series de televisión que le dieron la oportunidad de interpretaba hasta 80 papeles diferentes. Sin embargo, se puede afirmar que su carrera es cuando menos curiosa, ya que, a la vez que Cassavetes se dedicaba a estos trabajos, mantenía, como director, una línea de trabajo completamente opuesta. Creativo, innovador, inteligente y controvertido, este cineasta ha levantado pasiones que le han llevado a ser una de las personalidades más carismáticas del cine independiente norteamericano, en la que se adivinan las influencias del cine europeo de autor, y en especial del francés.

Como actor, es posible recordarle junto a Sidney Poitier en *Donde la ciudad termina* o en *La semilla del diablo,* de Roman Polanski, y estuvo nominado al Oscar como Mejor Actor Secundario por *Doce del patíbulo.* Los "Oscars" también apreciaron su labor como director, nominándole por su trabajo en *Una mujer bajo la influencia* y como guionista por *Rostros.*

Su primera película fue *Shadows,* en la que no intervenía la que fuera esposa y musa a lo largo de toda la carrera de Cassavetes, Gena Rowlands. Su hijo Nick también es director de cine.

CORMAN, ROGER

Nacido el 5 de abril de 1926 en Los Angeles, California, se fue a vivir a Beverly Hills a muy corta edad. En 1947 se graduó en ingeniería en la universidad de Standford, aunque su camino profesional se iba a desarrollar por unos derroteros muy distintos. A los veintidós años, y gracias a una recomendación, consiguió entrar a trabajar en la Fox como "chico para todo". Poco tiempo después, Corman consiguió dejar de ser un simple mensajero. Le doblaron el sueldo —65 dólares a la semana— al contratarle como lector de guiones. El fenómeno Corman había nacido. Sin embargo, pasaron unos cuantos años hasta que este hombre, uno de los más importantes nombres del cine independiente americano, llegase a ser lo que hoy se reconoce como un pionero.

Tras su paso por la Fox como lector de argumentos, Corman viajó a Europa, concretamente a París, hasta que —según él mismo confiesa en su biografía— decidió regresar a Estados Unidos porque su capital era exiguo. Una vez de vuelta en Hollywood, trabajó en una agencia literaria y consiguió vender en 1954 su primer guión, *Highway Dragnet,* por 3.500 dólares.

En 1955 dirige su primer film, *Cinco pistolas,* una de cuyas protagonistas era Dorothy Malone, y a partir de aquí la figura de Corman comienza a tomar peso en el cine independiente, aunque desde luego no cabe duda que su faceta de productor es la más relevante.

Corman se dio cuenta de que oponerse al sistema industrial hollywoodense no era fácil, pero tampoco imposible. Así, comenzó a producir y dirigir un extenso número de films —que llegan hasta los trescientos— con unas premisas totalmente opuestas a las de las "majors", las grandes compañías cinematográficas. Cinco o diez días de rodaje, todo lo más dos semanas, presupuestos bajos o muy bajos, aprovechamiento de decorados de otros filmes, actores poco convencionales, incluso algunos sacados del cine porno como Traci Lords, y la ayuda de todos los integrantes de las producciones para realizar casi cualquier clase de trabajo necesario, dieron a Corman la posibilidad de convertirse en un hombre popular que llegó a ser llamado el "El rey de la serie B" o "El Papa del cine pop".

Además, tuvo la habilidad de descubrir a un grupo de talentos cinematográficos que aprendieron la base del oficio junto a este productor. Coppola, Bogdanovich, Scorsese, John Sayles, Jack Nicholson, Robert De Niro o Dennis Hopper formaron parte de los que se puede denominar la "Factoría Corman".

Con una de las productoras que fundó, la New World Pictures, Corman no sólo se dedicó a producir y distribuir sus propias películas, sino también cine europeo en el que se incluían obras de Fellini, Bergman o Truffaut. Esta compañía fue vendida en 1983 por 16 millones de dólares, para fundar a continuación la Concorde /New Horizons, con la que fue capaz de producir 20 films al año.

Algunas de las películas debidas a Corman y a su trabajo han quedado ya como clásicos del cine de terror. Cabe citar entre ellas *El hombre con rayos X en los ojos,* protagonizada por Ray Milland,

La tienda de los horrores o *Los Angeles del infierno,* así como la serie dedicada a las narraciones de Edgard Allan Poe.

COX, ALEX

Un independiente donde los haya, que se ha identificado con toda una generación de iconoclastas para los que el cine aún sigue teniendo una estela romántica: no es una industria, ni un comercio, es mucho más que eso, una manera de vivir.

Cox, nacido en Liverpool en 1954, comenzó a estudiar leyes en Oxford, pero luego no continuó esa carrera y se decantó por el cine, algo que ya le apasionaba siendo un niño. Tras pasar por la Universidad de Bristol y ganar algún dinero, Cox inicia un viaje a España, más concretamente a Almería, lugar que le fascina por su desierto y en el que rueda —sin actores ni medio alguno— su primer cortometraje, *Black Hills.* Tiempo después regresaría a la ciudad andaluza para filmar *Straigth to hell.*

Repo Man fue su primer largometraje, aunque quizá su película más conocida sea *Sid y Nancy,* en la que narraba la historia del cantante del grupo musical Sex Pistols, Sid Vicious, a quien daba vida Gary Oldman.

Su más reciente realización, a punto de estrenarse en nuestro país al redactarse estas líneas, es *The winner,* que tiene como protagonista a Rebecca De Mornay.

CRONENBERG, DAVID

Nacido en Toronto, Canadá, en 1945, el cine de Cronenberg es clasificable dentro del género del terror. La búsqueda de una suerte de pavor biológico y sexual; las consecuencias terroríficas de la propia naturaleza del ser humano y sus obsesiones son las claves de este director canadiense que comenzó su carrera, al igual que casi todos los cineastas, dirigiendo cortos en la Universidad de Toronto.

Su primer largometraje importante fue *Vinieron de dentro de,* coproducido por el también canadiense Ivan Reitman, que curiosamente se halla inmerso en la industria hollywoodense como director, y sirva como ejemplo su más que mediocre film, *Junior,* con Danny de Vito, Arnold Schwarzenneger y Emma Thompson.

Videodrome, La zona muerta, el "remake" de *La mosca,* en esta ocasión interpretado por Jeff Goldblum, e *Inseparables* son algunos de los más reseñables trabajos de Cronenberg, quien siempre bordea los límites de la realidad y utiliza cierta mezcla barroca entre el "gore" y la sobriedad de imágenes.

Su último trabajo hasta la fecha, *Crash,* estuvo presente en el Festival de Cannes de 1996, donde obtuvo —además de una fuerte crítica por la violencia automovilística mezclada con sexo de la historia que narra— el Premio Especial del Jurado a la Innovación Técnica.

D

DEMME, JOHNATAN

Considerado como un director de culto, Demme ha saltado del cine independiente a los circuitos comerciales en un relativamente corto espacio de tiempo.

Nacido en Baldwin, Nueva York, en 1944, estudió química en la Universidad de Florida, y en el periódico que se editaba en ese mismo centro docente empezó a escribir sobre cine. Se trasladó después a Nueva York, donde comenzó a trabajar como publicista para una compañía cinematográfica. Siguió con su trabajo como crítico cinematográfico y musical y realizó su primer corto, *Good morning, Steve.* También desarrolló labores de coordinador musical en el film *Sudden Terror,* producido por Irving Allen.

Se puede considerar a Demme como uno de los cineastas de la "Factoría Corman", ya que este director y productor le ofreció su primer trabajo como coguionista y coproductor en la película *Angels hard as they come* (1971), de Joe Viola, para la en aquel momento recién creada New World Pictures, una de las productoras del llamado "Rey de la serie B".

El primer largometraje dirigido por Demme fue *Caged Heat* en 1974. Quizá uno de los trabajos más relevantes de la primera época de este realizador fue *Stop making sense,* una recopilación de toda la carrera artística del grupo de Talking Heads, rodado en cuatro días consecutivos.

Something wild —una mezcla de "screwball" y cine negro— vendría después, hasta llegar a *Casada con todos,* con Michelle Pfeiffer como protagonista. Demme se había pasado ya al cine comercial y es en 1991 cuando alcanza su gran triunfo, *El silencio de los corderos,* basada en una novela de Thomas Harris, que obtendría el Oscar a la Mejor Película, a la Mejor Dirección y al Mejor Guión Adaptado, además de los que se llevaron Jodie Foster y Anthony Hopkins.

En 1993 repitió laureles con *Philadelphia,* que supuso el Oscar al Mejor Actor para Tom Hanks.

También ha producido diversos largometrajes y documentales, en especial sobre Haití, país que es una de sus preocupaciones fundamentales ya que es miembro fundador de la organización Artists for Democracy en Haití.

F

FRANKLIN, CARL

Licenciado en Bellas Artes por el American Film Institute, donde también obtuvo un "master" en dirección, Franklin comenzó su trayectoria profesional como director de cine en una de las productoras de Roger Corman, Concorde Films.

Su primer film fue *Punk,* realizado para su tesis doctoral. Después fue contratado para dirigir *One false move,* una película de corte negro que le hizo ganar el Independent Spirit Award al mejor director.

Después, extendió su labor hacia la televisión con la serie *Laurel Avenue* para HBO, y también ha trabajado como actor especialmente en teatro clásico al principio, aunque luego interpretó papeles en varias serie de televisión, algunas tan populares como *El equipo A* donde daba vida al capitán Crane.

Una de sus últimas realizaciones es el film *El demonio vestido de azul.*

FREARS, STEPHEN

Nacido en Leicester, Gran Bretaña, en 1941, comenzó a estudiar leyes en la Universidad de Cambridge. Tras terminar estos estudios, se interesó por el teatro e ingresó en la compañía London's Royal Court Theatre.

Su primera oportunidad en el "séptimo arte" se la dio Karel Reisz, quien le ofreció trabajar como ayudante de dirección, hasta que le llegó la oportunidad de realizar su primer largometraje, *Detective sin licencia.* Tras este primer trabajo, Frears desarrolló su labor en la televisión hasta que rodó, para la pantalla grande, *The hit* en la que tuvo como protagonista a Terence Stamp.

Mil novecientos ochenta y cinco es el año en que Frears rueda uno de los films que le empiezan a dar popularidad, *Mi hermosa lavandería,* realizada en 16 mm, con destino a la televisión británica y un presupuesto de 900.000 dólares. Se trata de una historia de crítica social, ambientada en un barrio popular londinense en el que se desarrolla una historia de amor entre dos hombres de nacionalidades distintas. Obtuvo la nominación al Oscar al Mejor Guión Original.

Este tema, el de la homosexualidad, se va a repetir en una obra posterior, dos años después: *Ábrete de orejas,* basada en hechos reales, que narraba la relación amorosa entre el dramaturgo británico Joe Orton y su amante, Ken —papeles interpretados por Gary Oldman y Alfred Molina— y que obtuvo el Premio a la Mejor Contribución Artística en el Festival de Cannes de 1987.

Su siguiente película es *Sammy y Rosie se lo montan,* para llegar, en 1988, a realizar el que puede considerarse su mayor éxito, *Las amistades peligrosas* con Glenn Close, Michelle Pfeiffer y John Malkovich. Ya plenamente en la industria americana, Frears dirige una de sus películas más estimadas por la crítica: *Los timadores,* con la que consiguió la nominación al Oscar a la Mejor Dirección en 1990, producida por Martin Scorsese.

La última película de Stephen Frears estrenada, hasta el momento de escribir estas líneas, en España, ha sido *Mary Reilly,* una adaptación del clásico Dr. Jeckyll y Mr. Hyde, con John Malkovich y Julia Roberts.

H

HAYNES, TODD

Mil novecientos sesenta y uno fue el año de nacimiento de Haynes en Encino, California.

Se graduó en la Brown University en 1985 y llegó después a

Nueva York, donde se introdujo en el mundo del cine. Su primera película, en súper 8, fue *The suicide.*

Cineasta muy controvertido y criticado desde los comienzos de su trayectoria fílmica, Haynes se hizo conocido en sectores cinematográficos independientes con su mediometraje *Superstar: The Karen Carpenter Story,* en el que utilizó como símbolo a la muñeca Barbie y su compañero, Ken. Narraba la historia de una estrella del pop que fallecía al enfermar de anorexia. La película, de 43 minutos de duración, tuvo diversos conflictos y finalmente se prohibió su distribución por presiones de la familia Carpenter, aunque se convirtió en un clásico del cine "underground", y sólo es posible encontrarla en copias semipiratas de vídeo.

El film más conocido de Haynes en España es *Poison,* galardonado en el Festival de Sundance con el Premio Especial del Jurado en 1991, así como en Locarno y en Sitges. Sin embargo, el largometraje provocó una fuerte polémica cuando el NEA (Fondo Nacional de Ayuda a las Artes) otorgó una subvención del 10% de su presupuesto total a esta producción, que se dividía en tres historias. La última de ellas, titulada "Homo", trataba el tema de la homosexualidad en la cárcel y era un claro homenaje a Jean Genet. *Poison* fue tachada de "basura pornográfica" y Haynes, en medio de la tormenta levantada, fue llamado "El Fellini de la fellatio"...

Haynes fundó su propia productora, Apparatus Productions.

HOPE, TED

Cofundador, junto a James Schamus (productor de algunos de los filmes galardonados en el Festival de Sundance en 1991 y 1992) de la productora Good Machine, produjo *Simple men,* y más tarde *Pushing hands* y *El banquete de boda,* de Ang Lee, así como varios cortometrajes de Nicole Holofcener, Claire Denis, Adam Isidore y Marc Pellington.

HOPPER, DENNIS

Nacido en Kansas, Estados Unidos, el 17 de mayo de 1936 es una de las personalidades más brillantes, polifacéticas y originales del cine norteamericano.

No sólo ha trabajado como actor, sino también como guionista, director y fotógrafo, con una obra que ha sido expuesta en varias ocasiones.

Heredero en parte de la "Factoría Corman", su trayectoria cinematográfica puede considerarse como la de un verdadero independiente, a pesar de que se haya "reconciliado" con la industria en determinadas y aun frecuentes, ocasiones. No obstante, forma parte de la historia del cine, al haber intervenido en producciones como *Rebelde sin causa, Gigante* o *Apocalypse now.*

Hopper dirigió una de las películas de culto por excelencia del cine independiente, *Easy rider,* una "road movie" en la que los jóvenes de una Norteamérica diferente buscaban caminos distintos y rompían con los moldes y los esquemas tradicionales que los norteamericanos exportaban a todo el mundo. Hopper consiguió la nominación al Oscar al Mejor Guión Original en 1969. Pero además ha trabajado con cineastas como Tobe Hooper, Alex Cox, Robert Altman, Wim Wenders o David Lynch desde que comenzara su trayectoria en 1955.

Como director, cuenta en su haber con películas como *The last movie/Chinchero, Caído del cielo* y *Camino de retorno.*

Una de sus últimas intervenciones cinematográficas, como actor, ha sido en *Waterworld,* la película de Kevin Costner que pasa por ser una de las producciones más caras de la Historia del Cine: 25.000 millones de pesetas.

Fue nominado al Oscar como Mejor Actor Secundario en 1986 por *Hoosiers, más que ídolos.*

J

JAGLON, HENRY

Guionista, director y actor, nació en Londres en 1939. Tras estudiar en el Actor's Studio, se introdujo en el cine independiente en los años sesenta, realizando obras de interés como *Sitting ducks* y *Can she bake a cherry pie?*

JARMUSCH, JIM

Un auténtico director de los llamados de "culto". Iconoclasta, controvertido, pero poco dado a dejarse seducir por la industria.

Jarmusch, nacido en Ohio en 1953, estudiaba literatura en la Universidad de Columbia cuando realizó un viaje a París donde descubrió la Cinemateca Francesa. Deslumbrado por ella, estuvo un año entero en la ciudad del Sena, para regresar después a Estados Unidos y comenzar sus estudios de cine.

Fue alumno y ayudante de Nicholas Ray entre 1976 y 1979 en las clases que éste daba en la Universidad de Nueva York.

Comenzó a trabajar como ayudante de dirección con Wim Wenders. Su primera película fue, en 1980, *Permanent vacation;* vino después *Extraños en el paraíso,* que ganó la Cámara de Oro el Festival de Cannes. *Bajo el peso de la ley* fue su siguiente film, para continuar con *Mistery Train, Night on Earth* y *Dead Man.* Jarmusch ha realizado tres cortometrajes en 1986, 1989 y 1993: *Coffe and cigarettes, Coffe and cigarettes II-Mamphis Version* y *Coffe and cigarettes Somewhere in California.*

También ha sido actor en algunos largometrajes como *Straight to hell* donde estuvo a las órdenes de Alex Cox, *Tigrero: a film that was never made,* de Aki Kaurismaki, y *Blue in the face,* de Wayne Wang y Paul Auster.

K

KALIN, TOM

Nacido en Illinois en 1962, es quizá uno de los más representativos directores del llamado "queer cinema" o cine "gay". Comenzó su trayectoria profesional dirigiendo varios cortometrajes educacionales que fueron incluidos en el circuito de museos de Estados Unidos.

Más tarde dirigió una serie de vídeos didácticos, *AIDS film,* sobre la prevención del sida en las comunidades de color. Es uno de los miembros fundadores del grupo Green Fury, comprometido también en la lucha contra esta enfermedad. Su primer largometraje, independiente, fue *Swoon* y ha producido también algunos films homosexuales como *Go Fish.*

KEITEL, HARVEY

Nacido en Brooklyn, Nueva York, en 1947, Harvey Keitel se ha distinguido, sobre todo en los años noventa, por su decidido apoyo a los cineastas independientes que trabajan en Estados Unidos. Alistado en el cuerpo de marines, abandonó el ejército para empezar una carrera como actor, debutando en 1975 en Broadway con un montaje de la obra *La muerte de un viajante,* y posteriormente se destacó como uno de los actores fetiches en la primera etapa, también como cineasta independiente, de Martin Scorsese, antes de ser "desplazado" en cierto modo por la explosiva irrupción de Robert De Niro en la filmografía del cineasta italoamericano. No obstante, Keitel destacó como uno de los actores más completos y de mayor prestigio de la década de los setenta. Su primer trabajo para el cine se rodó en 1968, a las órdenes de Scorsese en *Who's That Knocking at my Door,* colaboración que se extendió a la película que les lanzó a ambos, *Malas calles,* y a tres títulos más: *Alicia ya no vive aquí, Taxi Driver* y *La última tentación de Cristo,* donde interpretó a Judas.

Diez años después de su primera colaboración con Scorsese, otro debutante, Ridley Scott, solicitó la colaboración de Keitel como protagonista de *Los duelistas,* y nuevamente el actor aceptó el reto del debutante, algo que repetiría incluso prestando apoyo como productor en *Reservoir Dogs*, de Quentin Tarantino, siendo rescatado más tarde por este director para *Pulp Fiction* y *Abierto hasta el amanecer*, dirigida por Robert Rodríguez.

Junto a estos títulos, Keitel se ha convertido en pieza esencial del cine independiente norteamericano de los noventa por sus trabajos en *Smoke* y *Blue in the Face*, y sus arriesgadas interpretaciones en *Bad Lieutenant* y *Juego peligroso*, de Abel Ferrara, además de destacar en *El piano*, de Jane Campion, *Thelma y Louise*, *Pensamientos mortales* y *Bugsy*, por la que fue nominado a un "Oscar" como mejor actor secundario.

Buena prueba de su apoyo a cualquier empresa que le resulte interesante y a los directores jóvenes la dio viajando a España para participar en el rodaje de *El caballero del dragón*, de Fernando Colomo.

L

LEE, SPIKE

Nacido en 1957 en Atlanta, Spike Lee estudió en la Escuela de Cine de Nueva York, y se ha distinguido por ser el primer director negro racista con voz propia dentro del cine norteamericano. Esta afirmación puede parecer exagerada, pero el valor esencial de Lee se cifra en su obsesión por ofrecer una visión del problema racial estadounidense desde el punto de vista de los ciudadanos que la cultura hipócrita de lo "políticamente correcto" ha dado en denominar "afroamericanos". En las películas de Lee siempre brota un agudo sentimiento de amargura e incluso de rencor que destaca aún más bañado en la ironía y en un aire aparentemente festivo. Este director, que se inició como tal en el campo del largometraje en 1986 con *Nola darling* y parece haber alcanzado la cumbre de su carrera con *Malcolm X*, tras la cual se rompió su idilio con los grandes estudios y empezó a encadenar varios fracasos comerciales, cuenta casi siempre con su padre como compositor de la música de sus películas, en las que frecuentemente aparece también como actor, habiéndose adjudicado el protagonismo en *Haz lo que debas*. Este es probablemente uno de los mejores títulos de su filmografía, que con el tiempo ha entrado en una dinámica reiterativa abandonando la frescura y

theresa Randle
isaiah Washington
spike Lee
peter Berg
SIX IS FOR SEX.
naomi Campbell
Madonna
john Turturro
quentin Tarantino
ron Silver
girl 6
SONGS BY PRINCE
THE PROVOCATIVE NEW COMEDY FROM SPIKE LEE

originalidad del principio para caer en cierta monotonía, agudizada especialmente en *Clockers: camellos* y *Girl Six.*

LYNCH, DAVID

Destacado como cineasta independiente por sus dos primeros trabajos, *Cabeza borradora* y *El hombre elefante,* Lynch cayó posteriormente en un curioso estrellato como director de culto con *Terciopelo azul,* y encandiló a los espectadores juveniles televisivos con la excesiva *Twin Peaks,* que como se ha podido comprobar en sucesivos pases por las cadenas españolas, a pesar de ser pretenciosamente innovadora, envejece muy mal y además queda reducida a un estado de espectáculo grotesco y rebuscado. En su carrera cuenta con el fracaso de *Dune,* insuficiente adaptación de la novela de Frank Herbert, pero en los últimos años ha logrado recuperar algo de credibilidad entre los "modernos" con *Corazón salvaje,* con la que ganó la Palma de Oro en Cannes en 1990. Interesado inicialmente en el campo de la pintura, que le ha llevado a desarrollar una carrera paralela a la del cine, Lynch encuentra su mejor momento cuando consigue coordinar su afán por la introducción de los elementos fantásticos en lo cotidiano con cierta vocación por asumir los códigos del cine de género, de ahí que sus dos mejores películas sigan siendo hasta el momento *El hombre elefante* y *Terciopelo azul.*

M

MAMET, DAVID

Nacido en Chicago, se distinguió inicialmente como guionista y autor teatral, antes de probar suerte en la realización cinematográfica con *Casa de juegos,* de 1987, una *opera prima* sobre los actores y la psicología de los personajes. Aunque sus películas suelen hacer gala de cierta teatralidad en el desarrollo argumental, Mamet ha conseguido un trabajo logrado como director en *Las cosas cambian* y *Homicidio,* dos muestras de cine de género al margen de las obligaciones impuestas por el cine más comercial. Entre sus guiones destacan *Veredicto final, Los intocables* y la versión más reciente de *El cartero siempre llama dos veces.*

McNAUGHTON, JOHN

Nacido en Chicago, pasó por el mundo del vídeo antes de dedicar-se al cine y conseguir una prometedora tarjeta de presentación premiada en varios festivales internacionales con *Henry, retrato de un asesino,* escalofriante estudio de la personalidad de un psicópata, rodada con escasos medios y aplaudida entre otros por Martin Scorsese, que decidió apoyar a McNaughton en proyectos posteriores, aunque el director parece haber perdido su peso e interés conforme se ha ido introduciendo en una corriente de explotación más industrial de sus películas, caso de *La chica del gángster,* protagonizada por Robert De Niro. De su producción en los noventa puede destacarse *Sex, Drugs and Rock'n Roll,* filmación de un espectáculo del "one man show" Eric Bogosian.

R

RAIMI, SAM

Nacido en 1960, se inició en el mundo del cine a través del formato súper 8, pero tras su encuentro con el productor Robert Tapert, con quien formó la productora Renaissance Pictures, empezó a destacar como realizador de películas de terror de bajo presupuesto pero con

altos rendimientos comerciales, como *Posesión infernal,* de 1982, o *Terroríficamente muertos.* El largometraje *Darkman* le permitió entrar en circuitos de presupuestos más amplios, creando un superhéroe que homenajea al cómic y al Fantasma de la Opera. Curiosamente, esta película, como toda su filmografía, funcionó mucho mejor comercialmente en vídeo que en su exhibición cinematográfica. Su último trabajo, *Rápida y mortal,* contaba con el apoyo de Sharon Stone como actriz principal y productora, y tenía el atractivo de ser una curiosa muestra entre cine de terror, "western" y tebeo. En general, Raimi se ha distinguido por ser, sobre todo al principio de su carrera, un independiente forzoso y no por elección propia o por sus temas. Es el mismo caso de otros muchos creadores del cine de terror que hicieron sus primeras armas en producciones de muy bajo presupuesto y con un sistema propio del cine independiente, aunque ejercen una clara militancia en apoyo del cine de consumo para vídeo y canales paralelos de distribución. Entre las aportaciones de Raimi, que en algunas ocasiones ha colaborado con los hermanos Coen oficiando como actor y trabajando en el guión de *El gran salto,* destaca la creación de una serie de mecanismos de filmación destinados a proporcionar unas características muy peculiares de tensión y espectacularidad a las secuencias de acción.

REDFORD, ROBERT

Nacido en 1937, actor de éxito convertido en estrella y luego director de películas tan interesantes e inusuales como *Gente corriente, Un lugar llamado Milagro, El río de la vida* o *Quiz Show,* Robert Redford ha conseguido romper todos los estereotipos en torno a su imagen cinematográfica convirtiéndose en uno de los principales impulsores del cine de calidad y con preocupaciones éticas producido en Estados Unidos. Es también uno de los "padrinos" esenciales del cine independiente desde el momento en que fundó el Instituto Sundance, en 1980. Ubicado en las montañas de Utah y bautizado con el nombre de su personaje en *Dos hombres y un destino,* el objetivo de este centro es apoyar, estimular y afianzar el trabajo de jóvenes directores, actores, guionistas, productores y otros profesionales del cine trabajando cada verano en la creación de varios largometrajes y en trabajos de laboratorio. Además, los jóvenes aspirantes a dirigir pueden someter guiones a la selección reali-

 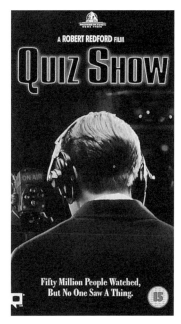

zada por el Sundance para apoyar en régimen de coproducción esas películas. Ese fue, por ejemplo, el sistema seguido por Quentin Tarantino para empezar a planificar la producción de *Reservoir Dogs,* y es también un camino utilizado frecuentemente por otros jóvenes creadores cinematográficos estadounidenses. Tras una selección preliminar de 50 trabajos, el Sundance tiene que decidir cada año su apoyo a entre 7 y 10 de los proyectos que se le remiten. Además, anualmente se celebra el Festival de Cine de Sundance, punto de encuentro y cita obligada para los independientes norteamericanos.

RUDOLPH, ALAN

Nacido en Los Angeles en 1941, Alan es hijo del productor y director Oscar Rudolph, lo que facilitó su temprano aprendizaje de la dinámica de Hollywood, incluso con un debut como actor infantil a los seis años en la película de su padre *Rocket Man.* Se inició profesionalmente trabajando como ayudante de dirección para el cine y la televisión, y a principios de los setenta inició su propia carrera como guionista y realizador con *Premonition,* a la que seguirían títulos que han marcado una línea en el cine independiente norteamericano siguiendo de algún modo la "escuela" de Robert Altman, como *Bienvenido a Los Angeles, Recuerda mi nombre,* y sobre todo *Elígeme,* que marcó época en los circuitos alternativos de exhibición en España, fijándose como uno de los largometrajes de culto para la denominada "movida" madrileña. Poco después Rudolph intentó repetir el éxito con *Inquietudes,* pero a partir de ese momento su carrera entra en una pendiente creativa que se mantendrá a gran distancia de sus primeros logros, quizá con la única salvedad de *Amor perseguido.*

ROTH, TIM

Nominado al Oscar por su trabajo en *Rob Roy,* Roth se ha convertido en uno de los actores más solicitados por los directores independientes, sobre todo a través de su adscripción a "la banda de Tarantino", con el que ha colaborado en repetidas ocasiones. Nacido en Londres en 1961, debutó en la televisión británica después de un interés inicial por la escultura. Consiguió el premio de la crítica inglesa por su trabajo en *La venganza,* dirigida en 1984 por Stephen Frears, pero su carrera como estrella del cine independiente despega sobre todo después de sus colaboraciones con Tarantino en *Reservoir Dogs* y *Pulp Fiction,* que le han servido como lanzamiento definitivo.

S

SALWEN, HAL

Formado en la Escuela de Cine de Nueva York, dirigió su primer largometraje, *The Telephone*, en la Universidad, ganando un premio de dirección y para el que contó con el apoyo del American Film Institute y la Academia de Artes y Ciencias Cinematográficas de Hollywood. Después de una etapa produciendo anuncios para televisión y vendiendo sus guiones para el cine y la pequeña pantalla antes de conseguir que el productor J. Todd

Harris le apoyara en la realización de su *opera prima* como realizador de largometraje, *Denise te llama,* filmada en Nueva York en el verano de 1994. Actualmente prepara su segundo largometraje, *His and Bers.*

SAYLES, JOHN

Escritor, director y actor nacido en 1950 en el Estado norteamericano de Nueva York, se le considera como "paradigma del cineasta independiente norteamericano". Inicialmente era un novelista especializado en las historias cortas, después escribió guiones para películas de género de limitado presupuesto producidas por Roger Corman, como *Piraña, Alligator* o *Aullidos.* De ese modo consiguió financiación para su primer largometraje como director, *Return of the Secaucus Seven,* de 1980, que él mismo editó e interpretó ganándose el apoyo de la crítica, todo ello con un coste aproximado de 40.000 dólares. A partir de ese momento ha simultaneado proyectos personales de autor con trabajos de corte más oportunista, como *El clan del oso cavernario,* y vídeos musicales de Bruce Springteen, como *Glory Days, I'm on Fire* y *Born in the USA.*

SODERBERGH, STEVEN

Nacido en Georgia en 1962, Soderbergh consiguió dirigir su primera película cuando contaba trece años y sólo cuatro años más tarde encontró una primera ocupación como profesional montando reportajes para la cadena de televisión norteamericana NBC. Después de dirigir varios vídeos musicales llegó a la realización de largometrajes y cosechó un notable éxito con su *opera prima, Sexo, mentiras y cintas de vídeo,* una reflexión en torno a las relaciones personales que ganó la Palma de Oro en el Festival de Cannes de 1989 y abrió camino a otras producciones similares, demostrando que el cine independiente hecho en Estados Unidos había cobrado una nueva y saludable vida creativa adaptándose a los tiempos modernos. Después de dirigir la curiosa *Kafka* en 1991, Soderbergh ha vuelto a cobrar cierto protagonismo en la cartelera con *The Underneath.*

TIM ROTH   EDWARD FURLONG   MOIRA KELLY   VANESSA REDGRAVE   MAXIMILIAN SCHELL

Between good and evil
and heaven and hell is...

LITTLE
ODESSA

15

SPACEY, KEVIN

Metido a las funciones de productor en *El factor sorpresa,* donde también ejerce como estrella, Kevin Spacey nació en Nueva Jersey en 1959 y ha sido galardonado con el Oscar al mejor actor secundario por su trabajo en *Sospechosos habituales.* Sus principios se dieron en el teatro y la televisión, medio en el que consiguió cierta relevancia por su trabajo en la serie de televisión *Wiseguy.* Alterna su trabajo en producciones de los grandes estudios con incursiones por interés personal en los escenarios teatrales y el cine independiente.

STILLMAN, WHIT

Nacido en Washington en 1952, creció en Manhattan y se formó en Cornwall-On-Hudson, Nueva York. Posteriormente se trasladó con su familia a Washington DC siguiéndole la pista a la ocupación de su padre, político. Inicialmente estudió Derecho pensando en dedicarse a la misma profesión de su padre, pero luego se dejó fascinar por el periodismo y por la comedia, dejó Harvard, aprendió español con unos parientes mexicanos y escribió un artículo en *The Village Voice* sobre "Violencia y política". Después de licenciarse en Harvard empezó a trabajar en un programa de formación de la editorial Doubleday, pasó por diferentes departamentos y finalmente acabó en ventas antes de convertirse en director ejecutivo de un "magazine" diario de noticias internacionales. También colaboró en el *Wall Street Journal* y en *Harper's Bazaar,* y en 1980 llegó a Barcelona, donde se casó y conoció a un grupo de cineastas españoles pasando a trabajar como representante internacional de ventas de Fernando Trueba y Fernando Colomo. También aparece como actor en el segundo largometraje de Trueba y en *La línea del cielo,* junto con su mujer. Luego fue representante de ilustradores de animación europeos. Esta trayectoria culminó con su dedicación a la realización cinematográfica, debutando con *Metropolitan,* premio a la Mejor Película Novel de 1990 concedido por el Círculo de Críticos de Cine de Nueva York, y fue nominada al Oscar para el Mejor Guión Original, galardón que finalmente fue a parar a manos del guionista de *Ghost.* Más tarde dirigió *Barcelona,* un recorrido semiautobiográfico por su experiencia en la Ciudad Condal, donde conoció a la que más tarde se convirtió en su esposa. Actualmente vive en Manhattan con su mujer y sus hijas.

T

TOWNSED, ROBERT

Actor, escritor y director, Townsed nació en Chicago en 1957 y se especializó en comedia, apareciendo por primera vez como actor en el cine en *Una almohada para dos,* dirigida por Paul Mazursky en 1981. Después de trabajar para Norman Jewison en *Historia de un soldado,* de 1984, se desilusionó por los papeles que el cine parecía querer ofrecer a los actores negros y decidió dedicarse él mismo a escribir y dirigir historias distintas con la gente de color como principales protagonistas. Así surgen películas como *Meteor Man,* de 1993, que le califican como una versión menos ácida y amargada de Spike Lee. Townsed rodó también el espectáculo cómico de Eddie Murphy titulado *Eddie Murphy Raw,* y escribió y dirigió su propio programa de televisión, *Townsed Television.*

V

VAN SANT, GUS

Nacido en Louisville, Kentucky, en 1952, Van Sant es una de las voces más destacadas del cine independiente norteamericano en su faceta de experimentador. Después de dirigir anuncios para una agencia de Nueva York, se desplazó a Portland para realizar numerosos cortometrajes y películas independientes. Consiguió un éxito de crítica con su película *Mala noche,* de 1986, y posteriormente ha incidido en los mundos y los personajes marginales de la moderna sociedad norteamericana viajando por el laberinto de las drogas en *Drugstore Cowboy* y mostrando el mundo de los chaperos en *Mi Idaho privado.* También ha dirigido un vídeo musical del grupo Red Hot Chilli Peepers.

W

WARHOL, ANDY

Director y productor nacido en 1927 en Cleveland y fallecido en 1987, Warhol se sale de la catalogación de personalidad cinematográfica para situarse como "guru" del arte pop en un esquema que contempla el cine como forma de expresión alternativa y forzosamente independiente. En su faceta como cineasta, Warhol trabajó sobre todo el mundo del "underground" desde su Factoría en Nueva York, una "fábrica" de creación artística de la que salieron títulos como *Eat, Kiss* o *Sleep,* todas de 1963, *Empire,* rodada en 1964, todas ellas de carácter abiertamente experimental y provocador. Sus películas de largometraje más destacadas fueron *Flesh* (1968), *Trash* (1970), *Heat* (1972) y dos pintorescos homenajes a los mitos del terror, *Andy Warhol's Drácula* y *Andy Warhol's Frankenstein,* ambas rodadas en 1974.

WATERS, JOHN

Nacido en 1946 en Baltimore, Waters se ha expresado dentro de los circuitos del cine independiente como guionista, director y productor, convirtiéndose en abanderado de la provocación en la era post-Vietnam, sumida en un caos existencial que reflejan todas sus películas, desde *Mondo Trasho* (1970) o *Multiple Maniacs* (1971), hasta *Pink Flamingos* (1972), que le costó sólo 10.000 dólares y a cambio le supusieron un éxito y una popularidad de la que vive todavía hoy. Después de *Pink...,* Waters realizó en nuevos intentos de ampliar su panoplia de provocaciones apoyado por el público "moderno", llegando al exceso de mal gusto con *Polyester,* de 1981, que sustentaba su broma con el sistema denominado "Odorama", un engorroso abrir y cerrar de sobres programados previamente para degustar todo tipo de aromas poco recomendables. A partir de ese momento, Waters empieza a "civilizarse" poco a poco, aunque mantiene la sátira y la provocación a veces soez, con dos sátiras del típico cine para jóvenes de los sesenta, *Hairspray* y *Cry-Baby, el lágrima,* a las que siguió *Serial Mom,* el relato de una "maruja" norteamericana (Kathleen Turner) convertida en asesina en serie.

WELLES, ORSON

La inclusión de esta gigantesca figura de la historia del cine en este glosario es sobre todo testimonial. Welles no necesita un repaso de su azarosa filmografía, pero sí merece ser considerado como el primer cineasta verdaderamente independiente del cine norteamericano, fuente de inspiración, maestro y ejemplo para todos los que posteriormente han intentado trabajar en el cine al margen del dogal de la industria. Basta recordar cómo consiguió sacar adelante su genial *opera prima, Ciudadano Kane,* haciendo creer a los productores de la película que en realidad no se estaba rodando el material definitivo, sino simplemente haciendo ensayos. Posteriormente, Welles volvería a dar muestras de un singular carácter independiente durante el rodaje de películas como el *Otello,* convertida en auténtica odisea creativa, *Fraude, El Quijote* o *Una historia inmortal.* Si hay un ejemplo básico para los creadores cinematográficos, sean cuales sean sus inquietudes, es sin duda Orson Welles.

INDICE ANALITICO

A

B

C

G

J

K

T